Martin Buchner

Niederbayerische Sagen und Geschichten

Neu herausgegeben von

Hans Göttler

Mit Illustrationen von Jörg Mangold

Grafenau: Morsak, 2023

Impressum

Martin Buchner

Niederbayerische Sagen und Geschichten

2023

Neu herausgegeben von

Hans Göttler

2. Auflage 2024

Mit Illustrationen von

Jörg Mangold

Morsak Verlag

Wittelsbacherstr. 2

94481 Grafenau

www.morsak.de

info@morsak.de

Tel.: 08552 4200

ISBN: 978-3-86512-193-6

Für **mein** Niederbaiern!

(H.G.)

Martin Buchner (1869 - 1959)

Inhalt

Geleitwort des Herrn Regierungspräsidenten von Niederbayern

Rainer Haselbeck

Wer kennt sie nicht die Königinnen und Könige, Prinzessinnen und Prinzen, Riesen, Hexen, Ritter, Zwerge, Feen, Elfen und Kobolde, die unsere Märchen, Sagen und Legenden bevölkern. Als Kinder haben wir mitgefiebert, mitgelitten und mitgehofft. Und als Erwachsene erinnern wir uns an Momente der Geborgenheit und Verbundenheit, als uns Eltern und Großeltern die Geschichten erzählt und vorgelesen haben.

Volkserzählungen handeln von Vergangenem und Zukünftigem, erzählen von Landschaften, Orten und Menschen. Sie erzählen uns Geschichten aus längst vergangenen Zeiten, nehmen uns mit auf abenteuerliche Reisen zu mystischen, schaurigen und geheimnisvollen Schauplätzen. Lassen uns eintauchen in andere Welten. Sie sind einzigartig und besonders, denn sie sind verwoben mit der heimischen Landschaft und den Menschen, die dort leben. Berge, Flüsse, Wälder, Täler und Wiesen erhalten menschliche Züge. Der Geist der Städte, Dörfer und Menschen erwacht zum Leben. Sie sind Ausdruck der schöpferischen Kraft eines Volkes. Sie sind ein Kulturschatz, den es zu bewahren gilt für zukünftige Generationen, für die Geschichte unserer Heimat. Dafür braucht es Menschen, die diese Schätze sammeln. Wie die bekannten Brüder Grimm, deren weltberühmte Kinder- und Hausmärchen jeder kennt.

Der niederbayerische Schriftsteller und pensionierte Lehrer Dr. phil. Hans Göttler hat sich dieser so wichtigen Aufgabe ganz und gar verschrieben und scheut keine Mühen und Anstrengungen, niederbayerische Volkserzählungen zu bewahren. In einer Neuauflage bringt Dr. Göttler das Buch „Niederbayerische Sagen und Geschichten" des bekannten einstigen Passauer Lehrers und Dichters Martin Buchner heraus, der zu seiner Zeit niederbayerische Volkserzählungen gesammelt sowie herausgegeben und auch selbst Geschichten und Gedichte verfasst hat. Göttler gelingt es, mit dieser Neuauflage einem bedeutsamen regionalen Kulturschatz aus vergangenen Zeiten in der niederbayerischen Gegenwartsliteratur eine neue Heimat zu geben. Lebendig und ausdrucksstark, mit Zeichnungen des bekannten Jagdschriftstellers und -illustrators Dr. med. Jörg Mangold, wird die Neuauflage von Buchners Werk die Leserschaft wie einst in ihren Bann ziehen.

Niederbayern kann sich glücklich schätzen, dass es Menschen wie Dr. Hans Göttler und Dr. Jörg Mangold gibt, die sich mit viel Herzblut darum kümmern, dass die literarischen Schätze unserer Heimat nicht in Vergessenheit geraten, damit auch zukünftige Generationen sie entdecken können. Volkserzählungen und Volkssagen sind Teil unserer Geschichte, unserer kulturellen Identität, unserer Wurzeln und unseres Heimatverständnisses. Wir brauchen sie, um einen lebendigen Bezug zu unserer Vergangenheit, Gegenwart und Zukunft zu erhalten.

Rainer Haselbeck

Regierungspräsident von Niederbayern

Vorwort des Herausgebers der Neuausgabe 2023

Vor einhundert Jahren, also anno 1922, hat der Passauer Lehrer und spätere (ab 1923) Schulrat für den Bereich Passau-Land und Wegscheid Martin Buchner im Selbstverlag sein Büchlein „Niederbayerische Sagen und Geschichten als Begleitstoff zur heimatlichen Erdkunde“ herausgebracht, das für das 4. bzw. 5. Schuljahr konzipiert war. Buchner stand bereits im Alter von damals 53 Jahren, hatte sich aber schon seit 1909 literarisch eingebracht und einen Namen gemacht, vor allem durch Sammlungen eigener Gedichte und Verserzählungen.

Das Sagenbuch umfasste 120 Seiten und wurde in einer Auflage von 2.000 Stück in der Clemens Attenkoferschen Buch- und Kunstdruckerei in Straubing gedruckt. Die 131 Sagen, die aus der Feder verschiedener Sammler und Martin Buchners selbst stammten, wurden in die folgenden 14 Teilkapitel eingefügt:

1. Passau (11 Einzeltexte)
2. An der Donau hinab (1)
3. An der Donau hinauf (14)
4. In der Heimat der Ilz (15)
5. Dem Arber zu (9)
6. In den oberen Wald (9)
7. Im Regengebirge (9)
8. Am Inn und an der Rott aufwärts (5)
9. An der Vils hinauf (11)
10. An der Isar (14)
11. An der Laber (6)
12. In der Hallertau (3)
13. Hinab zur Donauenge (7)
14. Da und dort (12)

Im Jahre 1950 legte der dann gut 80 Jahre alte und längst pensionierte Schulmann Buchner eine zweite und wesentlich erweiterte Auflage seines Sagenbuches aus den 1920er Jahren vor. Das Buch wurde „gedruckt und verlegt bei Ablaßmayer & Penninger GmbH. Passau: Theresienstraße 32-34“ und zählte 147 Seiten. Die Kapitelüberschriften wurden z. T. übernommen, aber auch durch neue ergänzt und lauteten nunmehr:

1. Passau (15 Einzeltexte)
2. An der Donau hinab (14)
3. An der Donau hinauf (22)
4. In die Heimat der Ilz (24)
5. Dem Arber zu (15)
6. In den oberen Wald (13)
7. Im Regengebirge (10)

8. An Inn und Rott aufwärts (15)
9. An der Vils hinauf (10)
10. An der Isar (13)
11. An der Laber (5)
12. In die Hallertau (3)
13. Hinab zur Donauenge (9)
14. Da und Dort (14)
15. Aus der „ersten Zeit“ des Waldpropheten (3)
16. Aus der „zweiten Zeit“ des Waldpropheten (5)

Zu den Texten in den Kapiteln 15 und 16 ist anzumerken, dass es sich dabei um acht Gedichte aus Martin Buchners eigener Sammlung „Versunkenes Reich“ aus dem Jahre 1938 handelt, die sich z. T. recht kritisch mit der vergangenen Nazizeit auseinandersetzen.

Die zweite Auflage von Buchners Sagensammlung enthält auch mehrere sie analysierende, empfehlende Texte, die im Anhang dieser Neuausgabe ebenso abgedruckt sind wie die Vorworte Buchners zur ersten (1922) und zur zweiten (1950) Auflage. Eine dritte Auflage nach 1950 bzw. 1959 (Tod Buchners) kam nie mehr zustande. Die zweite von 1950, über deren Höhe keine Informationen vorliegen, wurde in Pfarr- und Schulbibliotheken jahrelang vorgehalten und in den 1970er und 1980er Jahren aussortiert, in häuslichen Bücherschränken wohl verwahrt und in öffentlichen Bibliotheken und auch Antiquariaten angeboten, blieb aber spätestens nach der Jahrtausendwende wohl nur noch ausgewiesenen Kennern und Liebhabern altbairischer Kultur und Literatur im Bewusstsein.

Was soll also anno 2023 eine solche Neuausgabe? Ist sie nicht eigentlich überflüssig? Sieht man einmal vom 100-jährigen Jubiläum des Buches als äußerem Anlass ab, so scheinen mir als Herausgeber folgende Aspekte für das alte/neue Buch relevant zu sein:

- Generell betrachtet, hat es den Anschein, dass Sagenliteratur derzeit einen guten Platz auf dem Buchmarkt einnimmt, nicht bloß auf dem deutschen, sondern insbesondere auf dem bairischen. Für den Bezirk Niederbayern kann man immer noch auf die vorbildlichen Anthologien früherer Zeiten auch in neueren Ausgaben zurückgreifen; gedacht ist dabei an Martin Buchners Lehrerkollegen Michael Waltinger (Niederbayerische Sagen) sowie die Bücher von Emmi Böck, aber auch an die Sagensammlungen von August Biberger, Paul Friedl (genannt Baumsteftenlenz), Alfons Lohr, Paul Praxl, Karl von Reinhardstoettner, Maximilian

Schmidt (genannt Waldschmidt), Franz Xaver Siebzehnriebl u. a., die alle im Morsak Verlag eine verlegerische Heimat gefunden haben. Besonders hervorzuheben sind in diesem Zusammenhang die vielen verdienstvollen Veröffentlichungen zum Thema Sagen und Legenden aus der kompetenten Feder von Reinhard Haller.

Aus der neueren Zeit sei verwiesen auf die Auswahl-Sagensammlungen von Alois Angerpointner, Gertrud Maria Dietz, Hubertus Hinse/Toni Lauerer, Karl-Heinz Hummel, Marianne Huber/Mirko Finkentscher, Bastian Mahler, Gustl Motyka, Jan Reiser/Johann Wax, die mehr den oberbayerischen und oberpfälzerischen Raum abdecken und großteils auch durch zeitgenössische Illustrationen hervorstechen.

Auf Sagen aus dem niederbayerischen Rottal hat zuletzt 2021 Gabi Geiersberger mit ihrem im Aurisium Verlag Doris Seibold (Pfarrkirchen) erschienenen Bändchen „Ius a weng zua – Fast vergessene Sagen und Geschichten aus dem Rottal" hingewiesen. Den natürlich sehr viel größeren Gesamtbezirk Niederbayern kann und soll nunmehr diese Neuausgabe der alten Buchner-Sammlung von 1922/1950 abdecken. Denn, wie oben angedeutet, Sagen aus Niederbayern sind z. Zt. en vogue, nicht bloß in Buchform, sondern auch als Dramatisierung: Bei der Landesgartenschau 2023 in Freyung war z. B. auch die Aufführung eines Stücks mit dem Titel „D'Hex vom Rachelsee" zu sehen, das auf einer Sage aus dem Bayerwald beruht. Fazit: In der großen Menge bairischer, insbesondere niederbairischer Sagen, die auch im 21. Jahrhundert in Buchform vorgehalten werden, soll und darf Martin Buchners Sammlung nicht fehlen und vergessen werden!

- Darüber hinaus hat es den Anschein, dass Persönlichkeit und Werk des Martin Buchner seit der Jahrhundertwende eine gewisse Art Renaissance erfahren. Ich selbst durfte durch meinen Aufsatz „Heimatsänger ... heimatlos!", aus Anlass des 50. Todestages Buchners im Jahre 2009, im „Passauer Almanach 6" (2009/2010) einen kleinen Beitrag zur Wiederentdeckung des Dichters leisten. (Mein Text ist im Anhang dieses Buches abgedruckt.) Diese notwendige Renaissance Buchners ist dann in der Folgezeit das Verdienst des sehr rührigen Passauer „Ralf Schuster Verlags", der inzwischen bereits drei einschlägige Veröffentlichungen zu Buchner vorgelegt hat:

1) Eva-Maria Hertel, eine Enkelin Buchners, gab 2013 eine sehr ansprechende und überzeugende Auswahl (CVIII und 138 S.) aus allen fünf Gedichtbänden Buchners („Lied vom Inn", 1909; „Lied und Leben", 1911; „Stromgold", 1913; „Versunkenes Reich", 1938; „Sturmflut über dem Abendland", 1955) heraus. (Das kleine Geleitwort, das ich zu diesem Bändchen verfassen durfte, ist im Anhang enthalten.)

2) 2019, auch aus Anlass des 150. Geburtstags und des 60. Todestags von Martin

Buchner, erschien wiederum im Passauer Ralf Schuster Verlag, aber nunmehr in der Reihe „PATAVIENSIA – Passauer Arbeiten zur Literatur- und Kulturwissenschaft“, Band 2, die von Hans Krah und Ralf Schuster herausgegebene Studie „Martin Buchner (1869-1959) – Zugänge zu seinem Werk“. Auf 256 Seiten haben sich drei Vertreterinnen (Vera Bachmann, Stephanie Großmann, Marietheres Wagner) und sechs Vertreter (Dennis Gräf, Mathias C. Hänselmann, Günter Koch, Hans Krah, Hartmut Laufhütte, Ralf Schuster) der Deutschen Philologie an der Universität Passau mit verschiedenen Aspekten des Buchnerschen Werks beschäftigt. Andrea Sieber, Professorin für Ältere Literaturwissenschaft an der Universität Passau und ausgewiesene Nibelungenlied-Expertin, hat diese verdienstvolle Untersuchung zu Buchners Werk im „Passauer Jahrbuch“ LXII/2020 in sehr umfassender und überzeugender Weise gewürdigt. Auf den Beitrag von Marietheres Wagner „‚DER SILBERBERG – Wäre das nicht ein Film?‘ – zum Begriff ‚Filmemachen‘ in Zeiten der Digitalisierung am Beispiel eines Textes aus der Sammlung 'Niederbayerische Sagen und Geschichten‘ von Martin Buchner“ soll in unserem Zusammenhang eigens hingewiesen werden. Auf 29 Seiten (S. 197 bis S. 225) wird der filmtheoretisch und -didaktisch stringente Nachweis gebracht, was alles aus einer Sage „gemacht“ werden kann. Es bleibt zu hoffen und zu wünschen, dass durch die nun wieder in Buchform vorliegende Sagensammlung die didaktisch-methodische Umsetzung der alten und gar nicht verstaubten Sagen gerade auch

mit modernen Medien im aktuellen Literaturunterricht unserer Schulen noch leichter möglich sein wird.

3) Zuletzt kam im Jahr 2020 bei Schuster ein bis dato unveröffentlichter Text Buchners heraus. Hartmut Laufhütte (em. Ordinarius für Neuere Deutsche Literaturwissenschaft an der Universität Passau) edierte in Zusammenarbeit mit Eva-Maria Hertel (s. o.) den bisher ungedruckten Roman Buchners mit dem Titel „Der Heimatdichter. Ein Lehrerschicksal aus den 20er und 30er Jahren". Im Mittelpunkt der bewegten Roman-Handlung zwischen 1925 und 1935 steht der zuletzt in Tittling wirkende Volksschullehrer und Heimatschriftsteller (Buch „Ahnenerbe") Karl Mayerhofer (1894-1935), der Erfinder des Begriffs „Dreiburgenland", dem Buchner in diesem seinem einzigen größeren Erzählwerk den Namen „Konrad Mahkorn" gibt. Mayerhofer/Mahkorn wählt in der Wirklichkeit und im Roman den Freitod aus Angst vor einer vererbten unheilbaren Krankheit und wird so ein frühes Opfer des Rassen- und Vererbungswahns der NS-Ideologie. Interessant wird das Buch, entstanden kurz vor oder nach dem Ende des 2. Weltkriegs und von Buchner selbst zu posthumer Veröffentlichung bestimmt, vor allem dadurch, dass ein sehr anschauliches und vielschichtiges Bild des Bayerwalds und Niederbayerns aus den 1920er/30er Jahren entsteht, ein Zeitdokument, das auch viele neue und ganz spezielle Einblicke vermittelt. So begegnet man in der Romanfigur des Pädagogen „Meinrad Mang" dem Volksschullehrer Max Matheis (1894-1984), der Mitte der 1930er Jahre seine erfolgreiche Karriere als Passauer Nazi-Dichter begann und im Buchnerschen Text folgende deutlich antisemitische Aussage über die Literatur der Weimarer Republik trifft: „... der Literaturjude gibt den Ton an." (S. 67) Wenn Martin Buchner am Schluss seines dokumentarisch höchst dichten Romans seinen Protagonisten Konrad Mahkorn als Autor kennzeichnet, „der die Heimat lobpries und der im tiefsten Wesen heimatlos war" (S. 240), so beschrieb sich Buchner damit auch quasi selbst. 1950, in Buchners Gedicht „Der Heimatsänger", wendet er zuletzt das Bild des heimatlosen Heimatsängers expressis verbis auf sich selbst an. (s. Anhang, Seite 238)

- Der letzte Aspekt, der für die Neuausgabe der Buchnerschen Sagensammlung spricht, sei hier bloß kurz angedeutet; ich verweise hierzu auf meine längeren und genaueren Ausführungen im Anhang dieses Buches, S. 224 bis 241. Wir haben in Martin Buchner einen sehr interessanten Autor des 20. Jahrhunderts, der von 1909 bis zu seinem Tod 1959, also fünfzig Jahre lang, durch seine zahlreichen, sehr verschiedenartigen Werke die regionale Literaturlandschaft Passaus und Niederbayerns maßgeblich beeinflusst und bereichert hat, aber im Laufe der Zeit aus dem Blickfeld der Leserschaft gerückt ist, wofür auch fehlende Buchausgaben verantwortlich waren. Mit der vorliegenden Neuausgabe seiner niederbayerischen Sagen ist zumindest wiederum ein kleiner Schritt getan, Martin Buchner nicht ganz zu vergessen, sondern ihn verstärkt wahrnehmen und ins literarische Gedächtnis aufnehmen zu können.

Zum Schluss ist für mich als Herausgeber ein mehrfacher Dank unbedingt notwendig:

- Ich danke Herrn Regierungspräsident Rainer Haselbeck für seine Bereitschaft, dieser historischen Quelle niederbairischer Kultur durch sein freundliches und kenntnisreiches Geleitwort sozusagen die höhere regierungsamtliche Approbation zu verleihen.
- Ich danke meinem Freund Dr. med. Jörg Mangold ganz herzlich dafür, dass er durch seine treffende und vielfach erprobte Illustrationskunst den Buchnerschen Sagen und Geschichten zusätzlichen Reiz vermittelt hat, so dass ein besonders ansprechendes Hausbuch der niederbairischen Literatur entstehen konnte.
- Ebenso herzlich danke ich meiner Verlegerin, Frau Stephanie Friedl vom Morsak Verlag Grafenau dafür, dass sie wieder einmal – wie schon so oft – ein Buchprojekt meinerseits – ohne jede Gegenwehr oder Widerrede – realisiert hat! Danke, lb. Steffi, vor allem auch dafür, dass Du meine inzwischen sehr deutlich verspürbare Langsamkeit als rapide alternder Herausgeber so geduldig ertragen hast!
- Frau Eva-Maria Hertel, die Enkeltochter des Dichters Martin Buchner, hat mir freundlicherweise die Erlaubnis zum Abdruck der Sagensammlung und einiger Photographien erteilt. Dafür sage ich ihr von Herzen Danke!
- Für die finanzielle Unterstützung bei der Drucklegung des Buches sei herzlich gedankt dem „Freundeskreis der Turmschreiber e. V." München, (www.freundeskreis-der-turmschreiber.de), sowie der „Dr. Hans Karl Fischerstiftung der Universität Passau."
- Ein herzlicher Dank gebührt meiner treuen und fleißigen Sekretärin, Frau Nicole Diewald („LiNi"), der es schon seit vielen Jahren immer wieder höchst kompetent gelingt, aus meinen handschriftlich vorgelegten und daher meist unleserlichen Vorlagen druckbare Typoskripte herzustellen. Ohne sie gäbe es alle meine Bücher nicht! Daher: Vergelt's Gott, LiNi!

- Ganz zuletzt danke ich meiner Frau Maria Osterholzer, die mich beim Korrekturlesen sowie beim Einscannen und Beschriften der Illustrationen sehr unterstützt hat. Danke, Maria!

Osterholzen, am 3. Oktober 2023 (Tag der Deutschen Einheit / 149. Geburtstag der Dichterin Emerenz Meier aus Schiefweg/ Bayerischer Wald, +28.02.1928 in Chicago/ USA)

Dr. phil. Hans Göttler (al. GöttlerHans/GeddlaHans)

Passau

Passauer Heimatlied

Die Höhen im Sonnengolde,
Die Ströme im Silberschein:
Passau, du wunderholde,
Du leuchtende Heimat mein!

Drei Wasser rauschen und schwellen,
Es grünt der Hügel Kranz,
Ein Schiff zieht mit den Wellen
Hinein in den Morgenglanz.

Drei Wasser rauschen und fließen,
Es grünen Busch und Blatt:
Ich tu dich lieblich grüßen,
Du allerschönste Stadt!

Hörst summen du die Sagen
Aus grauer Zeiten Grund?
Wer einst dich aufgeschlagen,
Ist keinem Lied mehr kund.

Vom Dom die Glocken branden
Und brausen an die Höhn –
In allen Reichen und Landen
Keine Heimat ist so schön.

Ein Vöglein in der Leiten,
Das singt in einem zu –
Die Wasser klingen und gleiten –
Ziwitt! Wie schön bist du!

Der Brand des Keltenwalls

Der Keltenfürst Bojus verließ seine Burg auf der nach rückwärts aufsteigenden Landzunge, an deren abwärtsgelegenen Spitze der Inn in die Donau drängte. Er führte eine kleine Kriegerschar auf der Straße am Inn aufwärts. Sein Volk hieß man die Bojer.

Seine zwei älteren Söhne waren vor wenigen Tagen mit dem größeren Haufen vorausgezogen.

Im Oberland, wo die Isen in den Inn rinnt, sollten sie zum Aufgebot des Oheims stoßen, bei dem ihr jüngster Bruder Comio weilte, aber sie hatten dessen Burg leer gefunden; was Waffen trug, war in die Ebene zwischen Inn und Isar zum großen Heer der Vindeliker geeilt. Bojus' Söhne folgten ohne Aufenthalt.

Noch waren keine Boten zu Bojus zurückgekommen. Die kleine Schar zog zu Fuß, der Fürst saß schweigsam auf seinem Roß. Er hatte kostbare Tage geopfert, um die Noriker jenseits des Inns zur Heereshilfe für die Vindeliker aufzurufen, aber die Noriker zögerten. Unzufrieden maß sein Blick den Inn: Soll der Strom den Kelten hüben und drüben ein trennendes Verhängnis sein?

Da sprengte ein Reiter die Innstraße herab. Jetzt ließ er seinen Schimmel in den Schritt fallen. Über seinem bleichen, jungen Gesicht saß ein blutiger Tuchwickel. Mit einemmal riefen die Krieger seinen Namen: Comio!

Der alte Bojerfürst hielt; sein Gesicht war erblaßt.

„Vater, wendet euer Roß!" sagte der junge Reiter. Der Alte sah ihm forschend in die Augen.

Ruhig, wie erstickter Zorn war es aus dem jungen Mund gekommen.

Von ferne tauchten Flüchtlinge auf mit Herden und Wagen. So war es wahr: das Heer der Vindeliker geschlagen! Zerschmettert am 1. August des Jahres 15 vor Christus! Drusus, der über den Brenner und am Inn herabgerückt, und Tiberius, der sein Heer durch Südgallien über den Bodensee hergeführt, hatten sich zum Schlag die Hand gereicht.

Der Bojerfürst wendete den Rappen. Langsam, schweigend zog die kleine Schar zurück. Der Alte und der Junge ritten Seite an Seite; der Alte fragte nicht nach den zwei anderen Söhnen.

Wo die Rott in den Inn fließt, schickte Bojus den Sohn mit der Schar voraus zur tiefen, breiten Grabenschlucht, die sich kaum eine halbe Wegstunde oberhalb der Bojerburg in weiten Krümmungen vom Inn über die Höhe zur Donau wand. Er selbst fuhr in einem Kahn über den Inn, um die Noriker noch einmal zur Heeresfolge zu mahnen. Aber diese murrten: „Du hast gut reden! Deine Burg wird kein Römer ersteigen!"

Als die Römer die Tausende der Gefallenen auf der Ebene zwischen Inn und Isar oberhalb der Isen verbrannt hatten, verteilten sich die Legionen und zogen planvoll den Flüssen nach, die zur Donau rinnen. An Inn, Rott, Vils, Isar und Donau herab blinkten ihre Adler. Die kleine Schar der Bojer schwoll durch den Zustrom waffenfähiger Flüchtlinge. Hinter der Grabenschlucht erwarteten sie den Angriff der Römer.

Die Noriker leisteten keine Hilfe; der alte Bojerfürst kehrte unterhalb der Grabenschlucht im Kahn allein über den Inn zu seinen Getreuen zurück. Schon blitzten am waldigen Absturz die römischen Waffen herüber. Die kurzen Wurflanzen sausten über die Schlucht. Zu lang dehnte sich diese vom Inn hin zur Donau aus; zu dünn war die Kette der Verteidiger. Eine Woge der Feinde überflutete den Graben und zerbrach den Ring der Tapferen. Zu wenig waren die langen Speere der Bojer. Eine römische Wurflanze durchbohrte des Bojerfürsten jüngsten Sohn, der trotz seiner Wunde mitgekämpft hatte. Der Fürst selbst trug ihn aus dem Kampfe. Es war gut, daß die Nacht hereinbrach; die Bojer zogen sich zurück hinter Baum und Strauch, über Wald und Hochfeld, den heutigen Spitzberg hinab bis hinter den breiten Wassergraben, der sich zu Füßen des steil aufragenden Felsenhügels von der Donau zum Inn hinüberschlang. Da floß in der Vorzeit der Donaustrom, ehe sein Lauf das Gestein unten an der Felsenleite durchfraß, auf welcher die Menschen nach über tausend Jahren die Feste Oberhaus erbauten. Hoch über dem Schutzgraben und aufsteigend von der Donau und abfallend zum Inn trotzte der gewaltige Wall, hinter dem sich Burg und Siedlung der keltischen Bojer gesichert hatten.

Eine Weissagung ging: Solang der Keltenwall der Bojerburg steht, geht das Reich der Kelten nicht zu Grunde. Aber die Römer hatten in Gallien das Geheimnis des Keltenwalles ergründet. Er war aus Balkenrosten, von innen nach außen gerichtet, übereinander geschichtet, innen mit Erde, außen mit Bruchsteinen ausgefüllt. Als oben auf dem Hügel über dem Wall der Feuerstoß unter dem gefallenen Fürstensohn aufflammte, da begannen unten über dem Graben die römischen Soldaten einen langen, ungeheuren Wall von Holz zusammenzutragen, von Bäumen und Balken, von Stämmen und Stangen, von Ästen und Überholz. Bojerspeere flogen herab, aber höher und höher wuchs der Verhau, und die Sonne sog ihn aus und briet ihn.

Der Bojerfürst ließ Weiber und Kinder über den Inn setzen. Als eines Tages ein fröhlicher Wind von Westen blies, legten die Feinde Feuer an hundert Stellen zugleich. Knatternd, krachend brannte das dürre Holz auf. Eine ungeheure Feuersschlange wand sich von der Donau zum Inn. Der Keltenwall über dem aufragenden Felsengrund fängt an zu glühen. Die Glut frißt die Balkenroste, die Erdfülle beginnt zu dampfen, zu backen und zu schmelzen, die Bruchsteine zerspringen und rollen nach außen in den Rachen der Flammen. Rauch wolkt über Burg und Hütten, Feuerfetzen fliegen über den Hügel, die Holzdächer beginnen zu glühen und zu brennen, die ganze Landzunge zwischen den beiden Strömen flammt auf.

Der Bojerfürst gebietet seinen Getreuen: „Steigt in die Kähne und folgt den Weibern und Kindern zu den Norikern!" Die Nacht sinkt hernieder; der krachende Brand schlägt rot hinauf zu den bleichen Sternen. Die Kähne gleiten über den feuerspiegelnden Inn.

Bojus, der Alte, blickt ihnen finster nach. Ist der Inn schuld, daß die Noriker versagten? Da kein Kahn mehr zu sehen ist, erhebt der Alte den Speer und schleudert ihn wie gegen einen Feind in den Strom.

Zitternd und stampfend steht der Rappe. Der Bojerfürst lenkt ihn durch Funken und Rauch wieder hinauf auf den Wallhügel, gibt dem schnaubenden Tier den Stachel und sprengt hinaus über die stürzende Mauer, hinab in den lohenden Abgrund.

Im Sommer des Jahres 1918 ließ der Geschichtsforscher Dr. Max Heuwieser im Seminargarten über der mittelalterlichen Wehrmauer einen breiten Einschnitt 6 m tief graben. Er fand unter derselben die Reste einer Römermauer und unter dieser weiß- und rotgebrannte, in Klumpen zusammengeschmolzene Erde, vermischt mit schwarzer Kohle - Brandschutt des Keltenwalles.

Der heilige Severin und die erschlagenen Soldaten

Die römischen Soldaten in Passau bekamen ihren Sold von Rom. Als es aber mit dem römischen Reich zu Ende ging, blieb der Sold aus. Das war sehr schlimm für die Soldaten; aber sie wollten Passau gegen die wilden Völker schützen, so lange sie konnten.

Als sie gar kein Geld mehr hatten, tat sich eine kleine Schar der Tapfersten zusammen, um nach Rom zu reisen und den Sold selbst zu holen. Auf der Straße am Inn zog sie aufwärts.

In jener Zeit saß der hl. Severin eines Tages in seiner Zelle und las in einem hl. Buch. Da schloß er es plötzlich ganz erschrocken, seufzte laut und fing an bitterlich zu weinen.

Als ihn seine Mitmönche verwundert fragten, warum er weine, sprach er voll Schmerz: „Geht hinab an den Inn, er ist rot von Blut!“

Die Mönche eilten an den Fluß und siehe, da trieben auf den Wellen des Inns die blutigen Leichen der Soldaten daher, die ausgezogen waren, um in Rom den Sold zu holen. Ein wilder Volksstamm hatte sie überfallen, im Kampf erschlagen und ihre blut bedeckten Leiber in den Inn geworfen.

Nach Eugippius

Sankt Severin

Nach 451

Es singt und summt die Welle,
Ihr Lied, das ist uralt;
Am Strom aus niedrer Zelle
Tritt eine Mönchsgestalt.

Ein Pilger in rauhem Gewande,
Im Auge fromme Glut,
Und löst den Kahn vom Strande,
Der gleitet über die Flut.

Und drüben wandert von dannen
Der Pilger am waldigen Hang;
Dem König der Alemannen
Entgegen geht sein Gang.

„Ich zieh auf weiten Wegen
Zu dir, du weiser Mann;
Was kommst du mir entgegen?“
So spricht der König ihn an.

„Ich komme dich zu grüßen
Nach meines Herrn Gebot!
Des hab ich wandern müssen
Durch Wald und Wegesnot.“

„Den Gruß will ich bewahren,
Doch seltsam spricht dein Mund;
Daß ich zu dir wollt fahren,
Das gab ich keinem kund!“

„Hast keinem auch vertrauet,
König Gibold, deinen Traum,
Da du, von Nacht umtauet,
Schliefst unterm Eichenbaum!

Ich komme dir zum Gruße,
König Gibold, ohne Wehr,
Ich wandere zu Fuße:
Was ziehst du mit Mann und Speer?

König Gibold der Alemannen,
So ziehst du durch römisches Land:
Ich sah die Tränen, die rannen,
Und Raub und Rauch und Brand!

So nahst du auf weiten Wegen –
Im Herrn tu ich dir kund:
Ich komme dir entgegen –
Kehr um zu dieser Stund!

Das war dein Traum: Erbleichen
Sahst du der Deinen Stern,
Ein Heer mit des Herren Zeichen
Anwogen aus der Fern;

Die Bogen sahst du spannen,
Es brüllte laut das Horn:
König Gibold der Alemannen,
Zittre vor Gottes Zorn!

Der König steht betroffen,
Und langsam spricht er dann:

„Kein Unheil mag ich hoffen
Bei Wodan, weiser Mann!

Ich kam, um dich zu ehren –
Dein Gruß ist scharf wie Speer – –
Will eine Gunst dir gewähren –
Eh ich nach Hause kehr."

Da wird in des Pilgers Wangen
Es hell: „Wohlan es sei!
So gib, die du gefangen,
Die römischen Christen frei!"

Es singt und summt ihre Weisen
Die Welle, alt, uralt;
Befreite Christen preisen
Des Herren Allgewalt.

Es singt und summt die Welle,
Ein Nachen kehrt über den Inn;
Still tritt in seine Zelle
Der heilige Severin.

Der hl. Severin und die Zerstörung Passaus

Schon waren viele römische Festungen an der oberen Donau von wilden germanischen Völkern zerstört worden. Da sprachen die Bürger Passaus zum hl. Severin: „Geh zu dem Fürsten der Rugen und bitte ihn um die Erlaubnis, daß wir mit seinem Lande Handel treiben dürfen!" Das Land des Fürsten der Rugen lag weiter unten an der Donau, wo der hl. Severin sein erstes großes Kloster errichtet hatte.

Doch der Heilige antwortete: „Die Erlaubnis hat keinen Wert. Es ist die Zeit nahe, daß Passau wüst und der Bewohner beraubt dastehen wird. Kein Kaufmann wird mehr hierher kommen!" Aber die Bürger wollten es nicht glauben. Der hl. Severin verließ die Stadt und fuhr die Donau hinab nach seinem alten Kloster.

Da fiel ein Haufen wilder Thüringer in Passau ein, während die Bewohner außerhalb der Stadt bei der Ernte beschäftigt waren. Die Feinde töteten 40 Männer, die als Wache in der Stadt zurückgeblieben waren, plünderten und raubten und verschwanden wieder.

Als die Feinde wieder fortgezogen waren, meinten die Passauer aufs neue, nun sei keine Gefahr mehr. Da kehrte der Gottesmann noch einmal nach Passau zurück, um die Bewohner zum letztenmal zu warnen.

Schon flüchteten sich die Soldaten und Einwohner von Künzing, einer römischen Festung nicht weit von der jetzigen Stadt Osterhofen, vor den Alemannen. Sie kamen mit Hab und Gut an der Donau herab nach Passau. Die Alemannen folgten ihnen. Schrecken ergriff die Passauer.

Da betete der hl. Severin, rief die Männer von Künzing und Passau zusammen und weissagte ihnen, sie würden mit Gottes Hilfe siegen. Die Männer faßten Mut, griffen die Feinde an im Vertrauen auf die Worte des hl. Severin und schlugen sie.

Die Alemannen flohen. Aber der hl. Severin mahnte mit höchstem Ernst und sprach: „Gott hat euch diesen Sieg verliehen, daß ihr fortziehen könnt von hier, ehe neue Feinde kommen."

Anfangs zauderten die Bewohner wieder, aber endlich rissen sie sich los und zogen mit ihm fort, donauabwärts. Nur ein Teil konnte sich noch nicht von der Heimat trennen.

In derselben Woche schon brachen die wilden Thüringer in Passau ein. Wer zurückgeblieben war, wurde niedergehauen oder in die Gefangenschaft geschleppt, die Stadt Passau aber ward geplündert und von Grund aus zerstört.

Nach Eugippius

Begegnung

Um 508

Es rauscht der Strom, es summt der Strand,
Es fahren blondhaarige Scharen,
Und Wodan selber führt sie an:
Das sind die Baiwaren. –

Am Strom nach hundert Jahren sah
Ich vor dem Kreuz sie knieen
Und Wodan einsam mit seinem Speer
Heim gegen Walhall ziehen.

Chriemhilde in Passau

Mein Lied, nun sing' und sage von einer Überfahrt!
In weiten Booten standen Ritter und Roß geschart:
Herr Rüdeger, der Markgraf, zog nach dem Heimatstrand
Mit tausend tapfern Rittern, sie kamen vom Burgundenland.

Und in dem einen Boote, junglieblich anzuschaun,
Da saßen bunt gewandet wohl hundert edle Frau'n
Mit Blondhaar, rosigen Wangen, an Wuchse schlank und groß,
Sie setzten an dem Ufer voll holder Anmut sich zu Roß.

Und in dem letzten Boote saß hehr ein Frauenbild,
Das war der Frauen Krone, die Königin Chriemhild;
Vor ihr stand Bischof Pilgrin, manch Ritter und manche Maid –
Doch leise sang die Welle die Weise: Liebe lohnt mit Leid.

Die Nibelungen in Passau

Und dreizehn Jahr verrannen im Wellenspiel der Zeit
Und wieder an dem Ufer der Ferge stand bereit
Und auserlesene Ritter, dreitausend, stiegen ein;
Es glänzten Helm und Harnisch, ihr' Heimat war der grüne Rhein.

Dreitausend edle Ritter in funkelnder Eisenwehr,
Dazu neuntausend Knechte mit Schwert und Schild und Speer.
So Mann als Roß, sie fuhren hinüber an den Strand,
Es führte sie Herr Gunther, der König von Burgundenland.

Es führte sie Herr Gunther, Gernot und Giselher,
Herr Dankwart stand bei Volker, dem Fiedler, in der Fähr';
Sie ritten zu den Hunnen zu Fest und Kampf und Not,
Herr Hagen hätte wieder am liebsten noch zerhau'n das Boot,

Erschlagen auch den Fergen – doch hat er's nicht getan:
Es war der Ferge selber ein gewaltiger Rittersmann;
Sein breiter Schild und Helmbusch, die waren blutig rot
Und auch der Knauf vom Schwerte – der rote Ferge war der Tod.

Die Feste Oberhaus

Einmal wählten sich die reichen, aufrührerischen Passauer einen eigenen Bürgermeister mit Namen Andreas Haller, warben ein Heer gegen ihren Herrn, den Bischof, und belagerten das Oberhaus. Zornig stand die Feste und ergab sich nicht, Steinkugeln, glühende Balken und flammende Pechkränze flogen auf die Stadt nieder.

Wer weiß, wie bald die Burg ihren Trotz hätte ablegen müssen, wenn nicht dem Bischof ein österreichisches Heer zu Hilfe geeilt wäre. Zwei Stunden unterhalb Passau, wo sich die Erlau in die Donau stürzt, entbrannte die Schlacht.

Das Heer der Aufständischen wurde geschlagen. Zweihundert Passauer Bürger fielen. Oberhaus war befreit.

Durch die Stadt schrien Jammer und Verzweiflung. Der Kaiser ächtete sie, der Papst verbot Messe und Sakrament; die gefallenen Bürger durften nicht in geweihter Erde begraben werden. Andreas Haller, der Bürgermeister, wurde erwürgt und in einem Sack in die Donau geworfen.

Der Goldene Steig

Im Böhmerwald quoll über der Felder goldner Born,
In Passau wog der Kaufherr des weißen Salzes Korn;
Von Mitternacht gen Mittag im Urwald lief ein Pfad,
Da schritten Mann und Saumroß voran mit Gottes Gnad.

Der Säumer trug ein Waffen, das Roß, das trug den Saum,
Mit grünen Augen flackert der Teufel hinterm Baum
Und greift in Sack und Saumfaß und streut aus falscher Hand
Mit Korn und Korn zusammen den Fluch in Sumpf und Sand.

Am Morgen geht ein Leuchten durch Stamm und durch Gezweig.
Von Passau bis nach Böhmen von Golde glüht der Steig,
Von Passau bis nach Böhmen von Golde glänzt es rot,
Und hundert Hände raffen den Glanz, der glost und loht.

Und hundert Hände wühlen, es drängen wild herbei
Der Herzog und der Kaiser und Bischof und Abtei –
Verstohlen schlägt der Teufel ein Zeichen in die Bahn:
Da fängt, da fängt wie lebend der Steig zu wandern an.

Der Steig fängt an zu wandern, er wandert kreuz und quer,
Er wandert über Deutschland bis an das Nordermeer;
Er klirrt durch Holz und Heide, er klingt durch Stock und Stein,
Und Christ und Jude keuchen und tappen hinterdrein;

Er lockt durch Feld und Auen, er blinkt ob Berg und Tal,
Er blitzt durch Stadt und Dörfer, er funkelt überall,
Er flammt von Land zu Lande, von Meer zu Meer zugleich,
Er führt – helf Gott – gerade hinein ins Höllenreich.

Wie Mariahilf in Passau entstand

Vor dreimal hundert Jahren lebte in Passau ein frommer Priester, Marquard von Schwendi, der in seinem Gebetskämmerlein ein geweihtes Marienbild mit dem Jesuskind auf dem Arm aufstellte und mit größter Andacht verehrte.

Als er einst an einem späten Abend in seinem Garten vor dem Kapuzinertor lustwandelte, erblickte er plötzlich auf der Höhe des Berges, wo heute Kirche und Klösterlein Mariahilf stehen, viele Lichter, so geordnet, als wenn sie in Prozession herumgetragen würden.

Auf dem Berg war damals nichts als Wald.

Der Priester wußte nicht, was die Lichter bedeuten sollten. Aber die Erscheinung wiederholte sich an mehreren Abenden; auch andere Leute sahen sie. Da kam er auf den Gedanken, da oben eine kleine Kapelle bauen zu lassen. Er ließ den Wald an dieser Stelle reuten und die Kapelle aufführen.

In diese aber stellte er sein geliebtes Marienbild zur Verehrung auf. Und siehe, es kamen Wallfahrer aus allen Orten, immer mehr, zuletzt so viele, daß an Stelle der Kapelle eine größere Kirche gebaut werden mußte. Die Kirche erhielt den Namen Mariahilf und wurde den Kapuzinermönchen zur Obhut übergeben.

Und das Marienbild ist noch heute in der Kirche und wird alljährlich von vielen Tausenden besucht.

Passauer Kunst

In der alten Stadt Passau lebte ein Student namens Christian Elsenreiter; der spielte und zechte über die Maßen gern. Weil sich nun eher zehn arm spielen als einer reich, und wer zechen will, auch blechen muß, so war es um den Säckel des Studenten begreiflicher Weise stets übel bestellt.

Aber Not macht erfinderisch; freilich war's keine rühmliche Sache, die der Elsenreiter ersann. Es begann nämlich dazumal ein Vorspiel des großen, dreißigjährigen Krieges; in der Stadt sammelte sich, aus allen Gegenden zusammengetrommelt, das berüchtigte „Passauer Volk". Was galt früherhin einem Krieger begehrenswerter als ein Zauberding, das ihn schütze vor Pulver und Blei? Also nahm der Student die Gelegenheit wahr und gab vor, sich auf die Herstellung solch nützlicher Dinge gar wohl zu verstehen. Er fertigte kleine Zettel an, beschrieben mit geheimnisvollen Worten und Zeichen, und verkaufte sie. Die bannen den Schuß, behauptete er, täten das Rohr des Feindes zu, wenn man sie unter der linken Achselhöhle trage. Reißend ging die Zauberware ab, und der Erfinder konnte knöcheln und schlemmen nach Herzenslust; denn die „Passauer Kunst" blühte durch die Jahrzehnte des unerhörten Krieges, der nun losbrach. Selbst die berühmten Helden desselben hielten etwas auf diese Kunst.

Wie Mariahilf in Passau entstand

Die Zettel konnte man auch, damit sie kräftiger wurden, verschlucken. Durch vierundzwanzig Stunden dauerte dann ihre Wirkung. Wer aber innerhalb dieser Zeit auf andere Weise aus dem Leben schied, der war unweigerlich des Teufels. Ein Lügner glaubt endlich seine eigene Lüge. Zuletzt verspeiste der Elsenreiter selbst einen seiner Zettel, und in derselben Stunde, heißt es, mußte er sterben und in Ewigkeit verderben.

Ludolf Silvanus (Stuiber)

Sagenkranz des Bayerisch-Böhmischen Waldes. Kellerer, München

Die Kanonenkugel

Im Redoutengebäude zu Passau steckt in der Mauer eine Kanonenkugel. Gleichgültig laufen heute die Leute vorüber, nicht so aber unsere Großväter. Zornröte stieg den alten Passauer Bürgern ins Gesicht bei ihrem Anblick.

Warum wohl?

Die Kugel kam von welschen Freunden.

Es war eine schwere Nacht damals für die Passauer. Drüben vom Mariahilfberg leuchteten Wachtfeuer herüber, ein Heer Napoleons lagerte dort. Napoleon war mit den Bayern verbündet, Passau eine bayerische Stadt – ein französischer General aber schickte vom Mariahilfberg die Drohung ins Rathaus, daß er Passau in Trümmer schieße, wenn nicht bis zum Morgengrauen 60 000 Gulden in seinen Händen seien. Im Redoutensaale saßen tiefbekümmert die Bürger und berieten, woher sie denn das Geld nehmen sollten. Sie hatten ja nichts mehr. Durch die vielen Kriegssteuern und Quartierleistungen für Napoleons Krieger waren die letzten gesparten Gulden dahingegangen. Bis Mitternacht saßen sie ratlos und wußten nicht: was sie machen sollten. Das ahnte wohl auch der französische General drüben auf den Höhen, als er sah, daß die Fenster hier noch immer beleuchtet waren.

Da krachte ein Schuß durch die Nacht, und draußen bohrte sich eine mächtige Kugel in die Mauer. Die Bürger erbleichten. Sie wußten jetzt: der General kennt keine Gnade. Und so entschlossen sie sich zum letzten Opfer. Sie gingen heim, und am nächsten Tag brachte der eine mit Tränen in den Augen ein altes silbernes Sterbkreuz, ein geheiligtes Familienerbstück, der andere bezahlte mit dem Schmucke seiner Mutter, ein Dritter mit den Patengeschenken seiner Kinder.

Wilhelm Leidl

Napoleon

Im Jahre 1809

In Passau liegen zehntausend Mann,
Zehntausend freche Franzen;
Sie brechen die Wälder, zerstampfen das Feld
Und graben Wall und Schanzen.

Schildwachen stehn vor des Bischofs Palast,
Und still ist‘s auf den Wegen:
Da tritt aus dem Tor eine kleine Gestalt
Mit grauem Rock und Degen.

Mit Schiffhut, Degen und grauem Rock,
Die Wachen salutieren:
Das ist der Kaiser, er steigt zu Pferd,
Umringt von Offizieren.

Er reitet hinaus wohl vor die Stadt,
Er reitet über die Höhen,
Er reitet weit – es rauscht das Meer –
Ewige Winde wehen.

Die Hutthurmer Glocke

Vor vielen Jahrhunderten war das Land um Passau fast ganz mit Wald bedeckt. Im Turm zu Hutthurm hing eine alte Glocke. Sie wurde öfters am Tage geläutet. Ihr Klang, der weithin zu hören war, sollte den im Wald verirrten Wanderern und Säumern, die vom Goldenen Steig abgekommen waren, den Weg weisen.

Der Klang dieser Glocke war mächtiger als selbst jener der großen Passauer Domglocke. Das paßte den Passauern nicht. Die Glocke sollte darum weggefahren werden. Aber das Fuhrwerk blieb am Berg stecken und war nicht mehr weiter zu bringen. Darum entschloß man sich zuletzt, die Glocke wieder zurückzufahren. – Siehe da, zurück ging es seltsamer Weise, auch bergauf, wie von selber.

Die Glocke wurde auf das Wunder hin wieder im Turm aufgehängt. Aber eine zornige Hand hatte in sie einen eisernen Nagel eingeschlagen und seither hat sie nicht mehr den alten Klang.

Esterl nach Dr. Maurer

Der Schatz von Schloß Weideneck

Nicht weit von der Ortschaft Tiefenbach bei Passau liegt der Weiler Weideneck. Unterhalb desselben stand vor Jahrhunderten ein Wasserschloß, das dem Grafen von Hals, später dem Fürstbischof von Passau gehörte. Zur Zeit des Raubrittertums wurde es zerstört. Die große Wiese um den Schloßhügel herum war der Schloßweiher gewesen. In den versunkenen Kellern des Schlosses liegen ungeheure Schätze verborgen. Einst arbeitete auf dem Berge ein Holzhauer. Als er ein Mittagsschläfchen hielt, trat ein Zwerglein zu ihm, das sprach: „Nur der kann den Schatz heben, der in einer Wiege schläft, die aus dem Holz der Tanne gemacht ist, welche mitten auf dem Berge wächst.“

Der Berg ist schon öfter abgeholzt und wieder angepflanzt worden, aber die Tanne, welche mitten auf dem Berge stand, wurde nie so groß, daß man aus dem Stamm hätte Bretter schneiden können; sie verdorrte immer wieder. Darum hat auch noch kein Sterblicher den Schatz gehoben.

Max Schöberl

Der Schatz vom Schloß Weideneck

An der Donau hinab

Die Schneiderburg

Ein Schneider flink mit der Ziege sein
Behauste den Krempenstein,
Sah oft von der felsigen Schwelle
Hinab zu der Donauwelle,
In reißende Wirbel hinein.

So saß er oft und so sang er dabei:
Wie leb' ich sorgenfrei!
Meine Ziege, die nährt und letzt mich,
Manch' Liedlein klingt und ergötzt mich,
Fährt unten ein Schiffer vorbei. –

Doch ach, die Ziege, sie starb, und ihr
Rief nach er: Wehe mir!
So wirst du mich nicht mehr laben,
So muß ich dich hier begraben,
Im Bette der Donau hier?

Doch als er sie schleudern will hinein,
Verwickelt, o Todespein!-
Ihr Horn sich ihm in die Kleider.
Nun liegen Zieg' und Schneider
Tief unter dem Krempenstein!

August von Platen

Hochstein und Ehenstein

Hochstein und Ehenstein

Die Bewohner von Jochenstein (oder Hochstein) waren fromme Leute. Das verdroß den Bösen, und er nahm sich vor, ihre Häuser zu vernichten. In einer stürmischen Lassingsnacht (= Zeit, wenn die Winterkälte nachläßt) erkletterte er die Donauleite und schleuderte einen mächtigen Felsblock ins Tal, daß weithin das Donnergepolter erscholl. Dann eilte er hinab, um den Erfolg seiner Tat zu sehen. Er mußte aber bemerken, daß der Fels über die Häuser hinweg in die Donau geflogen war. Verdrießlich setzte er sich auf denselben. Durch das Gepolter war der Meßner in Engelhartszell erwacht, und weil er glaubte, es sei schon der Morgen nahe, so läutete er um ein Uhr nachts zum Ave Maria. Jäh entwich der Böse gegen Grünau und hinterließ auf dem Fels die Spuren von einem Geiß- und einem Roßfuß. Der Stein ragt hoch über dem Strom und heißt Hochstein. Die Stelle auf der Donauseite, wo einst der Felsen lag, heißt nun Ebenstein und ist mit einer Muttergotteskapelle geschmückt. Die Bewohner von Riedl verrichten dort ihre Maiandacht.

Manche Mutter singt heute noch dem unruhigen Kinde vor: „Hau, hau, iatzt kimmt da Wau, Wau; hat a Binggerl afn Bugl und geht in d' Greanau."

Josef Richtsfeld

Der Mann ohne Kopf

In der Pfarrei Untergriesbach war in einem Hause der Vater gestorben. Als sein Leib schon lang in der Erde lag, öffneten die Angehörigen das Grab und lasen des Toten Schädel auf. Aber weil sie dem Vater noch immer herzlich zugetan waren, brachten sie nicht wie andere Leute den Schädel ins Seelenhaus des Friedhofs, sondern nahmen ihn mit nach Hause und stellten ihn im Glasschrank der oberen Stube auf.

Am anderen Tag, einem Sonntag, ging alles in die Kirche; nur die junge Magd mußte zu Hause bleiben. Wie sie so allein war und zum Fenster hinausschaute, sah sie auf einmal einen Mann ohne Kopf in den Hof gehen. Vor Schreck hastete sie in die Fletz, um die Haustür abzusperren. Vor derselben sank sie ohnmächtig nieder. Als die Leute von der Kirche heimkamen, erzählte ihnen das Mädchen, was geschehen war. Da gingen Mutter und Kinder in die obere Stube, nahmen den Schädel aus dem Glasschrank und trugen ihn still in das geweihte Seelenhaus im Friedhof. Der Mann ohne Kopf ist nicht wieder gesehen worden.

Joh. Haiböck

Der Mann ohne Kopf

Der Tod auf dem Wagen

Ein Knecht von der Schlattlmühle fuhr nach Untergriesbach. Heimwärts legte sich, ohne zu fragen, der Tod hinten auf den Wagen. Zu Hause, vor dem Hof, stieg der Tod ab, ging zum Fenster und schaute hinein. In einigen Tagen starben alle im Hause. Nur der Knecht nicht, der den Tod gefahren.

Joh. Haiböck

Das Kreuz in der Schlagergasse

Bei Wildenranna unten in der Schlagergasse sah man alle Abende Lichtlein schweben. Die Leute glaubten, das seien Arme Seelen. Da ging einmal eine Magd vom Heuen nach Hause. Es war schon sehr dunkel. Als sie an dieser Stelle vorüberkam, sah auch sie solche Lichtlein leuchten. Sie lachte und sagte zu sich selber: „Ist das ein Aberglaube!“ Kaum hatte sie dies gesagt, nahm ihr ein Lichtlein den Rechen und schlug ihn ihr so kräftig auf den Kopf, daß sie ohnmächtig zu Boden sank und nicht mehr aufstehen konnte. Der Bauer und das ganze Haus suchten die Magd. Sie fanden sie und brachten sie nach Hause. An jener Stelle aber richteten die Leute ein Kreuz auf. Seitdem ist dort kein Lichtlein mehr zu sehen.

Joh. Haiböck

Der Brotlaib

Als die Straße nach Wildenranna noch durch den Burgstall ging, stand immer wieder ein Weib am Wege. Dieses hatte einen Laib Brot und ein Messer in der Hand. Die Leute gingen vorbei, aber keiner schnitt sich ein Brot ab. Da fuhr endlich ein Fuhrmann vorüber. Dieser war sehr hungrig. Er schnitt sich Brot ab und sagte: „Gott vergelt es Dir.“ Von dieser Stunde an war das Weib dort nicht mehr zu sehen.

Joh. Haiböck

Wegscheid

Der Sonntagsjäger

Einmal ging ein Jäger von Thurnreit am Sonntag während der Kirche auf die Jagd. Wie er mitten im Walde war, sah er eine schwarze Katze sitzen. Er schoß auf sie, aber die Katze rührte sich nicht und wurde größer und größer. Er schoß wieder und zum drittenmal, aber sie fiel nicht tot hin, sondern wurde immer größer. Da hing der Jäger die Büchse um, ging heim und ließ diese fürderhin des Sonntags am Nagel.

Joh. Haiböck

Wegscheid

Als vor vielen hundert Jahren ein Bischof von Passau eine Anzahl kräftiger Männer mit ihren mutigen Frauen in die Landschaft zwischen der Donau und dem unteren Böhmerwald schickte, um zu roden und zu siedeln, drangen sie vom Strom her nach Norden vor. Sie fällten die Urwaldstämme und kämpften gegen Bären. Als sie eine Anhöhe erreichten, die ihnen zur Besiedlung geeignet erschien, stieg einer auf eine hohe Fichte, überschaute den Wald und sah nach Norden hin einen höheren Berg.

Da beschloß man, erst dort die Holzhäuser zu errichten. Man schlug sich durch und fing am Berg an zu reuten.

Einem jungen Zimmermann, der noch keine Frau hatte, ging es zu langsam. Er hieb ungeduldig auf einen Stamm, daß die Scheiten (= Späne) flogen. Da ging das Beil daneben und in das Bein. Vom rinnenden Blut wurden die Scheiten rot. Im selben Augenblick rauschte ein großer, seltsamer Vogel aus der Luft herab, las eine blutige Scheiten auf und flog damit auf die Höhe zurück, wo die Roder zuerst siedeln wollten. Dort ließ er die Scheiten fallen und sie fiel auf den Weg, den die Siedler schon gebahnt hatten.

Das nahmen sie als ein Zeichen. Sie ließen vom Berg ab, kehrten zurück auf die Anhöhe und bauten den Ort, dem sie den Namen „Wegschaidt“ gaben.

Nach August Weidinger

und Mater Justine Krautwurm

Die Zigeunerin

Eine Zigeunerin kam nach Wegscheid. Niemand wollte sie übernachten lassen. Aber beim Pallaster, jetzt Weinberger, richtete man ihr ein Strohlager im Stadel. Am Morgen, als sie sich vor dem Lager von der Frau des Hauses verabschiedete, bückte sie sich auf ein Bündel Stroh nieder und zündete darin einen Halm an. Der Halm verbrannte im Bündel, ohne daß dieses Feuer fing. Die Zigeunerin aber sprach: „So wenig das Bündel Stroh verbrannt ist, so wenig wird dieses Haus je abbrennen."

Bei den großen Wegscheider Bränden brannte das Haus nicht ab, obwohl es hölzern ist und die Nachbarhäuser in Flammen aufgingen.

Nach Mater Justine Krautwurm

Die Totenbeine

In Thalberg hatte ein Häuselmann eine Kuh, die zaundürr blieb, so gut er sie auch fütterte. Da ging er nachts in den Freithof und grub Totenbeine aus. Zu Hause zerrieb er sie zu Mehl und streute eine Fingerspitze voll in das Futter.

Und siehe, die magere Kuh wurde fett und er verkaufte sie gut an den Metzger.

Das taugte dem Häuselmann, und wo er eine dürre Kuh um billiges Geld erhandeln konnte, trieb er sie heim, streute Mehl von den Totenbeinen in ihr Futter und wurde nach und nach ein behäbiger Mann. Als er starb und der Totenbeschauer kam und die Bettdecke abnahm, da hatte der Tote keine Beine und kein Mensch konnte sich denken, warum er ganz ohne Beine war.

Joh. Haiböck

Die Totenbeine

Die Kegelbahn

Es gab einmal eine Zeit, da war in Hauzenberg noch keine Kirche. Dies ist aber schon recht lange her. Da mußten die Leute aus dem Wald – von Schauberg und diesen Orten her nach Kellberg in die Kirche. Am Samstag ums Vesperläuten machten sie sich schon auf den Weg. Sie gingen sich vor, - die meisten übernachteten in Kellberg – daß sie am Sonntag „recht“ in die Kirche kamen. Nach der Kirche „trachteten“ sie wieder heim. Bis es finster wurde, wollten die Waldler wieder daheim sein.

Auf dem „Hochreutern“ rasteten sie immer. Der Aufstieg von Germannsdorf war beschwerlich, auch war es da gut halber Weg. Weil im Sommer der Tag lang ist, konnte man sich gut ausrasten. Damit die Zeit schöner verging, mußte eine Kegelbahn her. Da beim Kegelscheiben taten keinem mehr die Füße weh und der Heimweg danach war viel leichter.

Leichtsinnige Burschen fingen das Kegelscheiben oft schon an am Samstag auf dem Weg zur Kirche und hörten nicht auf, bis es finster wurde. Mancher versäumte darum am Sonntag die Kirche. Da braucht es einen nicht wundern, wenn sich der Teufel bald auf der Kegelbahn einstellte. Lange danach noch, wie in Hauzenberg schon die Kirche stand, hörten die Kollersberger in finsteren Samstagnächten die Kugel rollen und Kegel fallen. In solchen Nächten trauten sich auch die schneidigsten Burschen nicht hinaus. Heute noch sieht man auf dem Platze den Kugelfang, auch eine Steinkugel liegt noch dort. Wenn man vorbeigeht, muß man recht obacht geben, sonst kugelt einem ein Stein hinauf.

Hans Krenn

Das Kreuz im Wald Jahrdorf - Wastlmühl

Einmal ging ein Leizesberger von Hauzenberg heim. Wie er in den Wald hineinkam, hörte er an derselben Stelle, wo einmal ein Kreuz gestanden, schlagen und hacken. Ein Feuer brannte auf dem Boden. Vor Angst lief er, bis er nach Hause kam. Am andern Tag schaute er nach, aber es war an der Stelle kein Holz gemacht und keine Asche vom Feuer war auf dem Boden zu sehen. Doch die ganze Woche hindurch hörten auch andere Leizesberger in der Nacht dort Holz machen und sahen das Feuer brennen. Da sagten sie es dem Wider von Jahrdorf, weil dem der Wald gehörte. Der ließ wieder ein Kreuz errichten. Seit der Zeit hörte das Schlagen auf und man sah das Feuer nicht mehr.

Hans Krenn

Vom Nachtgjoad

Die 73 Jahre alte St. von H. erzählt: „Meine Mutter hat uns allerweil wieder gesagt: Kinder, wenn ich euch für etwas gut bin, laßt sich keins in den Rauhnächten in die Nacht. Da regiert das Nachtgjoad und schon manchen hat es mitgenommen, der in der Zeit noch unterwegs war. Ich selber bin ihm einmal noch ausgekommen. Ich habe da einmal nach Passau hinein müssen und bin daheim schon in aller Frühe fort. Es war noch finster, wie ich in einen Wald kam. Da auf einmal hörte ich ein Hündlein bellen. Jessas, dacht ich mir, s' Nachtgjoad kommt! So schnell wie ich's dacht, ließ ich mich auf den Boden fallen. Das Nachtgjoad war aber noch schneller. Bevor ich noch ganz auf den Boden kam, hatte mich schon ein Hündlein gepackt. Wie ich wieder zu mir selber kam, lag ich neben einem Bach. Das Nachtgjoad hatte mich da fallen lassen. Es ist mein Glück, daß so bald Tag wurde; da hat das Nachtgjoad keine Macht mehr über eins. Lange mußte ich suchen, bis ich wieder auf den Weg kam."

Hans Krenn

Der betrogene Teufel

Als man die Wastlmühle bauen wollte, war kein Bauholz da. Da kam bei der Nacht der Teufel zum Müller und sagte: „Wenn du mir das erste Wesen gibst, welches das Haus betritt, baue ich dir heute noch die Mühle." Der Teufel meinte einen Menschen. Der Müller war einverstanden. Noch in derselben Nacht baute der Teufel die Mühle. Als der Müller das vollendete Gebäude sah, nahm er einen Hahn und warf ihn hinein. Da packte der Teufel den Hahn, zerriß ihn in Stücke und fuhr wutschnaubend durch die Mauer aus dem Haus. Man sieht noch heute den Sprung in der Mauer. Man wollte ihn schon oft vermauern, aber er kommt immer wieder hervor.

Hans Krenn

An der Donau hinauf

Der Tod von Heining

Einmal kam ein ganz schwarz angezogener Mann zur Heininger Überfuhr und sagte zum Fährmann: „Nimm die Plätt'n!" „Bist ja allein!" sagte der Fährmann. – Sagte der andere: „Es kommen noch mehr; fahr nur ab!" Gut; der Fährmann fuhr ab. Aber während des Überfahrens ist die Plätt'n schwerer und immer schwerer worden, sodaß sie der Mann kaum mehr über die Donau rudern konnte; sie sank fast bis an den Rand ins Wasser. Am Ufer stieg der Fremde aus und hielt dem Fährmann ein Geldstück hin. Aber den überkam ein Grauen; er nahm das Geldstück nicht, sondern stieß ab und ruderte heim, so schnell er konnte. Denn der, den er übergefahren, das war der Tod selbst.

Und von der Stunde an brach in der Gegend von der Donau weg bis weit hinein in den Bayerischen Wald ein großes Sterben aus, die Pest, und holte alle Leute fort bis auf drei. Die Dörfer und Bauernhöfe verödeten, daß die Brennesseln zu den Fenstern hineinwuchsen.

Therese Schmid

Wie die Gaißa zu ihrem Namen kam

Nicht weit oberhalb des Kachletwerkes mündet auf der Waldseite ein Wasser in die Donau, das auf allen Landkarten Ohe (= Ach) heißt, in seinem unteren Lauf, von einer Mühle an, aber allgemein einen anderen Namen führt.

Vor langer Zeit sollte ein Baumeister über dieses Flüßlein eine Brücke bauen. Als er merkte, daß er zur festgesetzten Zeit nicht fertig würde, rief er den Teufel zu Hilfe. Dieser verlangte aber als Belohnung das erste lebende Wesen, das diese Brücke überqueren würde. Aber der schlaue Baumeister jagte eine Geiß hinüber, die der Teufel, wütend über diesen Betrug, in Stücke zerriß. Seither nannte man die untere Ohe Gaißa(ch), die Brücke Gaißa- oder Teufelsbrücke und die Mühle oben im Tälchen Gaißamühle.

Als das Kachletwerk erbaut wurde, mußte eine neue Brücke errichtet werden, die alte, wenige Meter flußaufwärts aber mußte verschwinden, weil sie dem Flüßchen durch die Hebung des Donauspiegels viel zu eng wurde. Die neue, weiterspannende Brücke hat unangefochten den Namen Gaißabrücke geerbt.

Andreas Lippert

Der Tod von Heining

Das Brot ist heilig

Vor mehr als hundert Jahren war in Jägerwirt eine Tanzmusik. Viele Leute fanden sich ein, darunter auch einige Burschen aus Rehschaln mit ihrer Schwester. Es wurde tüchtig gezecht und getrunken. Gegen Abend erhob sich ein scharfes Gewitter, es regnete heftig.

Als der Regen aufhörte, machte man sich auf den Heimweg. Auf der Straße nach Rehschaln mitten im Wald war eine große Wasserlache zusammengelaufen. Die Burschen sprangen mit einem Satz hinüber. Die Schwester konnte nicht so weit springen; sie entnahm übermütig ihrer Tasche eine Semmel, warf sie in die Pfütze, trat mit einem Fuß darauf und wollte sich hinüberschwingen. Da tat sich der Erdboden auf und verschlang sie.

Entsetzt standen die Brüder. Sie konnten vor Schrecken kein Wort hervorbringen. Erst zu Hause fanden sie die Sprache wieder und sie erzählten mit Grauen, was geschehen war.

de Cillia

Der arme Postillion

Ein Postknecht verlor auf der „alten Poststraße", die von Sandbach über Eben nach Rittsteig führt, einen Sack Geld. Der damalige Zislerbauer fand den Sack, versteckte ihn unter einen Streuhaufen und trug ihn dann heimlich nachhause. Der Postknecht aber kam in Verdacht, das Geld unterschlagen zu haben und wurde, obwohl er seine Unschuld beteuerte, hingerichtet. Der Zislerbauer wußte von dem Verdacht, der den Postillion traf und von der Verurteilung des armen Knechtes. Aber er schwieg und zeigte niemand seinen Fund. Nach dem Tode des Postillions aber war es auf dem Zislerhofe nicht mehr geheuer. Nachts sprangen mit großem Gepolter die Hoftore auf. Ein Postwagen mit feurigen Pferden, die von dem hingerichteten Postillion gelenkt wurden, durchquerte den Hof. Der Spuk wiederholte sich solange, bis auf dem Hof ein anderes Bauerngeschlecht lebte.

Berta Limmer,

Wie ich die Heimat suchte. Alois Gogeißl, Passau

Der fromme Amtmann und das Lichtlein

In alter Zeit ritt ein Amtmann von Hofmark bei Sandbach, der in Passau gewesen war, nach Hause. Die gerade Straße war in schlimmem Zustande, deshalb machte er den Umweg über Rehschaln und Jägerwirt. Dabei überraschte ihn die Nacht. Im „langen Holze“ zwischen Rehschaln und Jägerwirt kam sein Pferd vom rechten Wege ab und er hielt ratlos in einem Dickicht von Tannen und Buchen. Siehe, auf einmal sitzt da zwischen den Ohren seines Pferdes ein Lichtlein und das Pferd gelangt nach kürzester Zeit wieder auf den richtigen Weg, fliegt wie mit Windesflügeln durch den Wald, die Ortschaft Jägerwirt hindurch bis zum Amtshause in Hofmark, wo sich das wohlverschlossene Tor von selbst öffnet. Erst als der Amtmann vom Pferde springt und dasselbe in den Stall führen will, schwebt das Lichtlein zögernd in die Luft. Da rief ihm der Amtmann dankbar zu: „Vergelts Gott, tausendmal!“ Im Augenblick erfüllt eine blendende Helle den ganzen Hof und das Lichtlein verschwindet. Das Pferd ist vollkommen trocken, als hätte es nur einen kurzen Spazierritt getrabt, und das Hoftor ist wieder fest verschlossen.

Berta Limmer

Vom Hohenauern

Die älteste Verkehrsstraße unserer Heimat ist die Donau. Da mußten früher die Schiffe aufwärts vom Ufer aus von vielen Pferden gezogen werden. Die Schiffsknechte waren rohe Gesellen und schrieen und fluchten dabei oft gotteslästerlich. Da gesellte sich auf einmal ein fremdes Pferd den anderen zu und eine fremde Stimme hörte man mitschreien und fluchen. Pferd und Stimme aber waren vom Teufel. Knechte und Teufel fluchten um die Wette, und dieses Fluchen und Schreien, „das Hohenauern“, war scheutsam anzuhören. Aber als man bei der Mündung des Laufenbaches ein Feldkreuz errichtete und in Sandbach ganz nahe der Donau eine Kapelle, unser jetziges Kirchlein, erbaute, konnte der Böse nicht mehr vorbei, mußte sein Schreien und Fluchen lassen und kein fremdes Pferd war mehr zu sehen.

Berta Limmer

Jägertabak

Beim Moserhäusl (jetziges Schneider-Nanni-Häusl) in Sandbach stand ein hoher Baum. Auf diesem saß der Teufel. Da ging der Förster vorbei. Als der Teufel das Gewehr sah, rief er den Förster an und fragte ihn:"Was hast denn da am Arm?" Der Förster, der den Grünhütl erkannte, sagte: „Dös is a Pfeifa." Darauf meinte der Teufel: „Geh, laß mi a wengal rauka!" Der Jägersmann hielt ihm den Lauf der Büchse hin. Der Teufel nahm die Pfeifenspitze zwischen die Zähne und wollte nach der ganzen Pfeife greifen. Schnell drückte der Förster ab. Die Büchse krachte und die Schrotladung spritzte dem Bösen ins Maul. Dieser verzog das Gesicht, spuckte und hustete die Rauchwolke aus und knurrte: „Du raukst aba an schlechtn."

Berta Limmer

Jägertabak

Die drei Donaujungfrauen

Sie schwebten weiß wie Schwäne vor Hagen auf der Flut.
„Und kündet, Meerfraun, ihr mir, was kommt, so tut ihr gut,
Und eure Kleider geb ich zurück, die ich verwahrt.
Nun sagt, wie lohnt uns Recken die Nibelungenfahrt?"

Die eine sprach: „Ihr möget wohl ziehn in Etzels Land.
Mein Haupt will ich euch setzen dafür zum Unterpfand,
Daß niemals Helden zogen noch in ein Land hinein
Mit also hohen Ehren, des dürft ihr sicher sein."

Die Rede freute Hagen, er traute ihrem Sinn;
Die Kleider gab er ihnen, sie nahmen gern sie hin,
Doch als sie angezogen ihr wunderlich Gewand,
Da sagten sie in Wahrheit die Fahrt ins Hunnenland.

Es sprach das andre Meerweib, mit Namen Siegelind:
„Ich will dich warnen, Hagen, du Adrianes Kind,
Es hat dich meine Muhme ob des Gewands belogen,
Und kommst du zu den Hunnen, so ist dein Stolz betrogen.

Kehrt um, ihr Nibelungen! Noch ist es an der Zeit,
Dieweil ihr kühnen Helden dazu geladen seid,
Daß ihr erschlagen werdet in König Etzels Land,
Wer zu den Hunnen reitet, der ist dem Tod verwandt."

Aus dem Nibelungenlied

Die Grundruhr

Auf der Feste Hilgartsberg bei Vilshofen hauste vor 700 Jahren Graf Rapoto mit seinen Genossen. Nach damaligem Brauche lebten sie in Saus und Braus von dem Raube der zu Füßen ihrer Burg vorüberfahrenden Schiffe. Bei Ausübung ihres unsauberen Handwerks beriefen sie sich auf das Recht der Grundruhr. Wenn ein Schiff auf einer Sandbank sitzen blieb oder an ein Ufer streifte oder auch wenn das Fahrzeug Wasser schöpfte, so war es grundrührig geworden und mit Mannschaft und Ladung an den Herrn verfallen, dem der Grund an der Unfallstelle gehörte. Um dieses eigentümliche Strandrecht ergiebig zu gestalten, fuhren die beutesüchtigen Wegelagerer den reichbeladenen Handelsschiffen, welche zwischen Regensburg und Passau zahlreich verkehrten, an gefährlichen Stellen zur Seite und drängten oder lockten sie voll List und Tücke an eine Untiefe oder an das Ufer, bis das Schiff grundrührig wurde. Diese Grundruhr übten auch die Besitzer von Winzer und anderen Uferburgen aus. Kaiser Ludwig der Bayer schaffte sie ab und machte dem Unwesen ein Ende, von dem der Volksmund den bösen Spruch herleitete:

Rauben und Stehlen ist keine Schande, Es tun's die Besten im Lande.

Otto Liebhaber

Der hl. Severin in Künzing

Zur Zeit, als in Passau die Römer herrschten, stand auch bei Künzing auf der Ebene zwischen Osterhofen und Pleinting eine römische Festung. Die Christen hatten dort eine Kirche gebaut mit einem Fußboden aus einer Lage glatter Bretter. Sie stand auf starken, gegabelten Holzpfählen, weil die Ohe, die bei Künzing vorüberfließt, dazumal die Ufer überflutete, wenn die Donau Hochwasser führte und Flüsse und Bäche zurückstaute.

Da kam einst der hl. Severin nach Künzing. Als er in die Kirche trat und den armseligen Bretterboden sah, fragte er, warum das Gotteshaus keinen bunten Steinboden habe wie andere Kirchen. Die Einwohner von Künzing erwiderten, das häufige Hochwasser reiße immer wieder alles auf und fort, was man über die Bretter lege.

Da ordnete der Gottesmann an, man solle nun einen Fußboden legen, wie ihn andere Kirchen haben. Man tat nach seinem Geheiß. Darauf stieg St. Severin in einen Kahn, ließ sich zwischen den Pfählen unter die Kirche fahren, ergriff ein Beil und schlug in die Balken das Zeichen des Kreuzes. Dabei sprach er zum Wasser der Ohe: „Nimmermehr läßt mein Herr Jesus Christus zu, daß du über dieses Zeichen des Kreuzes hinausgehest!"

Noch oft überflutete die Ohe in der folgenden Zeit die Ebene. Aber nie wieder stieg das Wasser über das Kreuzeszeichen, das der Gottesmann in die Balken geschlagen.

Nach Eugippius

Die Natternkönigin

Die Natternkönigin

In der Donauebene gegenüber Deggendorf erhebt ein dunkler Bergkegel sein Haupt. Dort hauste einst im granitenen Geklüft zahlreiches Natternvolk. Wenn die Natternkönigin mit ihrem Gefolge aus dem Gefels kam, legte sie ihr goldenes Krönlein auf eine weiße Platte nieder, um sich, spielend über die Steine gleitend, in Licht und Wärme zu sonnen.

Das beobachtete ein Wilddieb. Er sah auch, wie nach einer Weile die Natternkönigin das Krönlein wieder aufsetzte und mit Gefolge im Geklüfte verschwand. Das schimmernde Krönlein reizte seine Habgier. Als die Natternkönigin wieder einmal aus dem Gestein schlüpfte, breitete er schnell ein weißes Tuch über die Platte und verbarg sich hinter einem Baum. Die Natternkönigin ließ das Krönlein an der gewohnten Stelle auf das weiße Tuch gleiten und wand sich im Spiel über die warmen Steine.

Da rafft der Dieb behend das Tuch zusammen, eilt mit der kostbaren Beute nach Hause, versperrt die Türe und schließt Läden und Lucken, um beim Kienlichtschein das goldfunkelnde Kleinod zu betrachten.

Aber plötzlich erhebt sich um das Haus ein Zischen und Fauchen; ein Heer von Nattern ringelt sich um die Wände. Durch ein Löchlein, das eine Maus in eine Ecke gebissen, kriecht Natter um Natter. Sie fahren nach dem Räuber, umstricken seine Arme und Beine, und die Natternkönigin schießt wie ein Dolch durch sein Herz. Dann nimmt sie das Krönlein wieder auf die Stirn und verläßt mit dem Natternheer das Haus.

Sie hat das Krönlein nie wieder auf die weiße Platte gelegt. Der Berg aber heißt der Natternberg bis auf den heutigen Tag.

Nach Ludolf Silvanus

Lohe

Am Schutzengelfest ist die Loher Kirchweih. An diesem Tage strömen viele Leute in dem sonst so ruhigen Dörflein zusammen. Von weit her stellen sich zwei Wallfahrtskreuze mit ihrem Geistlichen ein, die Piebinger von der Aitrach herab und die Pöringer von der Isar herauf. Aus dem Bayerischen Walde, wo sich die Ernte verzögert, kommen auch am Vorabend des 3. Sonntags im September noch viele Wallfahrer in kleinen Gruppen.

Die Loher Kirchweih heißt im Volksmund auch die kleine Lichtmeß. Um diese Zeit geht auf dem Gäuboden regelmäßig die Ernte zu Ende. Am Tag des „Lohganges“ werden die Arntkerle (Erntearbeiter) entlassen.

Die Kirche leuchtet von Gold und Farben und hat eine hohe, massige Turmlaterne. Loh ist eine große Wallfahrt zum Heiland. Von dessen Holzbildnis geht die Sage, daß die Barthaare wundersam wachsen.

Otto Liebhaber

Der Straubinger Pflug

In alter Zeit wollte die Donau bei Straubing nicht an die Stadt heran. Weit hinter deren Rücken floß sie breit zwischen Wundermühle und Hornstorf hinab. Aber die Straubinger brauchten den Strom notwendig. Da fertigten sie einen mächtigen Pflug, spannten, ich weiß nicht wie viel der stärksten Pferde daran und rissen ein neues Strombett auf. Das wand sich südwärts ganz nahe zur Stadt heran. Sie pflügten es aus und leiteten mit Kunst und Bedacht das wallende Wasser hinein. Das folgte ihnen gehorsam und hieß fortan die neue Donau. Bei der alten wurde ein Steindamm, die Bschlacht, gebaut, damit es dem neuen Strom nicht etwa wieder einfiel abzukehren. Nur ein kleiner Arm fließt noch an alter Stelle, daß die Hornstorfer und die von der Wundermühle auch noch eine Donau haben.

Den Pflug aber erhielten die Straubinger ins Wappen und sie haben ihn allzeit in Ehren gehalten.

Die Wallfahrtskirche in Sossau

Zur Zeit, als die Römer in der Gegend von Straubing lagen, erbauten christliche römische Soldaten an dem Orte, der jetzt Antenring heißt, eine Kirche. Viele hundert Jahre stand sie, selbst von den Hunnen und Ungarn wurde sie verschont. Von Straubing und überallher wallfahrteten Pilger zu dem Muttergottesbilde der Kirche.

Da kam über jene Gegend mitten im Frieden eine unsichere Zeit. Wallfahrer wurden überfallen und beraubt. Der Muttergottes taten die frommen Pilger leid und sie brachte Hilfe. Englein mußten die Kirche samt dem Bildnis aus dem Orte forttragen.

Aber die Kirche war nicht leicht und die Englein mußten dreimal Rast machen. Das erste Mal geschah es in Alburg; der Platz, wo die Engel die Kirche niedersetzten, heißt das Liebfrauenfleckl. Sie hoben die Kirche wieder auf und kamen mit ihr bis zu dem Orte, der seither Frauenbrünnel genannt wird. Dort rieselte eine Quelle, und die Englein, denen vom Tragen warm geworden war, tranken von dem kühlenden Wasser.

Das dritte Mal rasteten sie in den Fluren von Kagers auf der Schiffsbreiten. Dort warteten sie, bis ein Schiff kam, stellten ihre Last darauf und fuhren über die Donau.

In Sossau ließen sie die Kirche zum letzten Mal nieder. Da steht sie noch heute und wird von Wallfahrern aus nah und fern besucht. Die Karmeliter und Kapuziner von Straubing und der Abt und die Mönche von Windberg wollten später an das Wunder nicht glauben. Sie ließen unter den Mauern nachgraben; da sahen sie selbst, daß die Kirche zu Unserer Lieben Frau von Sossau keine Grundfeste hat.

„Maria von den Nesseln"

In der Karmelitenkirche zu Straubing befindet sich auf dem vordersten der im linken Seitenschiffe stehenden Nebenaltäre das Gnadenbild „Maria von den Nesseln". Dasselbe stellt die Gottesmutter sitzend, den Heiland auf dem Schoße, dar. Es ist aus Lindenholz geschnitzt und war ursprünglich bemalt.

Nahe der Stadt Heilbronn in Württemberg liegt ein Ort mit Namen Einzingen. Eine Frau aus Einzingen erblickte einst dieses Muttergottesbild in einem Mauerloche von Brennesseln ganz überwachsen. Das schien ihr ein unwürdiger Ort für ein Muttergottesbild. Deshalb wollte sie es in ihren Hof zu Einzingen tragen, dort aufstellen und schmücken. Als sie jedoch das Bild aus dem Mauerloch entfernen wollte, rief eine Stimme: „Weib, laß mich da an meinem Orte stehen!" Im Jahre 1442 am Markustage kamen zu gleicher Zeit über 500 Menschen, ohne daß einer vom andern gewußt oder von diesem Bild gehört hatte, an jene Stelle. Von dieser Zeit an geschahen durch dasselbe Wunder. Der Rat von Heilbronn ließ, durch Spenden unterstützt, an diesem Orte eine Kirche nebst Karmelitenkloster errichten. Die Karmeliten brachten 1661 das wundertätige Bild nach Straubing.

Nach Adalbert Hämel

Panduren und Kroaten in Straubing

Kooperator Dionys Kipfelsberger stiftete zum Dank für seine Rettung aus der Hand der Panduren und Kroaten 1745 den Johann-Nepomukaltar in der St. Peterskirche zu Straubing. Neben den Altar hängte er eine Bildtafel mit folgenden Versen auf. Sie befindet sich jetzt in der historischen Sammlung der Stadt.

„Ein Taussent da man zelt, ist wahr,
Sibm hundert drey und viertzig jahr
den sechstn juny Znachts umb siben uhr
Kombt Zblindern hier gross schaar Panthur.
Das war so grausam Tragödi
So nie gwesn zu Venedi.
Nichts als barbarisch gschrey und schießen,
das den Panthurn alls Fiell zfiessen. (fiel zu Füßen)
Ich Dionysi da Cablann (Kaplan)
Kipffelsperger ist mein Zuenam,
Nach gebung gelt, bir und gutt wein
Miest sterbn oder ganz gblindert sein,
fiell zu fiessen, schrieh umb bardonn
Bin nit herr bfarrer, nur Caplonn,
Säbl, Messer, gwähr, Pistollen
Miestn leben oder s'gelt hollen,
Aber von gelt wolt nichts klagen,
habm mihr auch zwey rippn eingschlagen,
Auch den garthner (Gärtner) gschlagen nider
auch grausam neben mihr wie n'wider. (Widder)
Ich wuste weder aus wo an
denkhte endlich in grossn Joann (Johann Nepomuk)
verlobte zugleich disn altar
Fassn zu lassen, dan kosts wass war.
Gnädig hat Er mich Erhöret
auch zugleich mein bitt gewähret
Meine wunden und Rippen ghailet
das Gott Lob mihr nichts mehr feihlet."

Adalbert Hämel

Das Geisterbrückl

Es fuhr einmal des Nachts ein Alburger von Straubing heim. Als er zum großen Grenzstein am rechten Bachufer kam, wo einst ein Brückl über das Wasser führte, geisterte es ihn an. Es tat einen Tuscher ins Wasser und heraus kam ein Hund. Dieser hatte einen Kuhfuß, einen Pferdefuß, einen Schweinefuß, einen Hundefuß und einen Kuhschweif. Der Hund war feuerrot und lief immer um den Mann herum bis heraus zum Stoffelbauern. Dann verschwand er.

Maria Wagner

Die eiserne Hand

Einst war Krieg in unseren Gauen. Da kam es, daß einer zum Verräter seiner Brüder wurde. Als er die Hand ausstreckte, dem Feind das Lager seiner Landsleute zu zeigen, wurde sie zu Eisen. Am südwestlichen Ende des Dorfes Alburg erhebt sich, von zwei Kastanien beschattet, ein hübsches Denkmal. In einer großen Nische ist ein Holzkruzifix, darüber schweben zwei Engelsköpfe mit gemalten Flügeln. Im Sockel des kapellenähnlichen Baues ist eine Gedenktafel angebracht, zwei betende Figuren darstellend, mit folgender Inschrift:

Dise zwei Figuren hatt machen
lassen der Erbar Basthome
Schmidt sein Schwestern
und schwager zu ainer
Gedechtnis. Ano domin. 1590

Unter dem Bilde: Dieses Denkmal wurde abgebrochen
auf Obrigkeitlichen Befehl von Michael Englberger
Bauer am Biel ano 1803 und wurde
wieder hergestellt v. Joseph Englberger 1822.

Oben unter dem Dache zeigt nach Süden und Norden je eine eiserne Hand. Von der einen sagt man, sie zeige nach Rom. Das Volk spricht niemals von eisernen Händen, sondern immer nur von der eisernen Hand.

Maria Wagner

Das Geisterbrückl

Der Kreuzweg bei Alburg

In Alburg war ein Mann, dem alle Lumpereien einfielen. Da hörte er einmal erzählen: Wenn man sich einen Schemel aus neunerlei Holz macht und sich während der Christnacht um die zwölfte Stunde an einer Wegkreuzung daraufsetzt, so sieht man alle Fuhrwerke und Leute, die im ganzen Jahr vorbeifahren und -gehen. Der Mann tat es; er machte sich einen Schemel und setzte sich während der Christnacht an eine Wegkreuzung. Und es kamen die Fuhrwerke und Fußgänger so schnell daher wie der Wind. Der Mann wollte aufstehen und davonlaufen; aber er konnte nicht, bis es vom Kirchturm 1 Uhr schlug.

Maria Wagner

Die redenden Pferde

Ein Bauer aus der Alburger Gegend hörte einmal im Wirtshaus erzählen, daß in der Christnacht die Pferde reden. Da ging er am Heiligen Abend nicht in die Mette, sondern legte sich im Stall unter den Barren. Als es zwölf Uhr schlug und durch die Nacht die Christglocken läuteten, fing das eine Pferd wirklich an zu sprechen und sagte zum andern: „Du mußt unsern Bauern zum Freithof fahren, denn du bist das stärkere." „Nein," erwiderte das andere, „das mußt du tun, denn du bist das größere." Sie stritten und wurden längere Zeit nicht einig. Endlich sagten sie zu einander: „Jedes soll recht haben, wir wollen ihn mitsammen fahren!" Und es wurde wieder still im Stall.

Am nächsten Tag starb der Bauer.

Maria Wagner

Falsches Maß

In der Kornkammer Bayerns lebten zwei Bauerstöchter, zwei Schwestern, von denen die eine blind war. Sie hatten Truhen voll Geld und kamen überein, es zu teilen. Die Sehende nahm einen Metzen, füllte ihn mit den Talern bis zum Rande, und die Blinde strich ihn mit einem Maurerholz eben ab. Aber die Sehende kehrte den Metzen jedesmal um, wenn sie der Schwester zumaß, und schüttete ihr auf den umgewendeten Boden des Gefäßes auf. So kam sie zum größten Geldsack und sie lag zeitlebens auf ihm wie der Hund auf dem Heu.

Als sie starb, fand sie keinen Frieden. Mit einem schweren Pack auf dem Rücken mußte sie allnächtlich durch Haus und Hof und über die Felder keuchen. Immer einmal im Jahre fiel aus dem Pack ein blinkender Taler. Als der letzte Taler herausgefallen war, hat man sie nicht wieder gesehen.

Die Mäusehexe

In einem Orte des Gäubodens stand eine Frau im Verdacht der Hexerei. Einmal schöpfte sie am Brunnen Wasser und schüttete es in einen Teller. Der Teller sprang entzwei und auf dem Boden liefen junge Mäuse. Die Mäuse vermehre, sich unglaublich schnell, fraßen die jungen Saaten kahl und verursachten eine Hungersnot. Mehrere Dörfler fingen zu kränkeln an und siechten langsam dahin. Nun schöpfte die Frau wieder Wasser am Brunnen und schüttete es in einen Teller. Um diese Stunde hauchte eine von den schwerkranken Personen ihre Seele aus. Aus ihrem Munde lief ein Mäuslein davon.

Otto Liebhaber

Die Mäusehexe

In die Heimat der Ilz

Der Tod in Hutthurm

Zur Zeit, als in der Gegend von Passau die Pest wütete, kam der Tod auch nach Hutthurm und holte sich reiche Beute. Obwohl sich zuletzt die Leute vor ihm versteckten, wußte er genau, wo noch jemand zu finden war.

Ein Mann von Hutthurm, der sich tagsüber auf dem Dachsberg verborgen hielt, sah eines Abends, als er sich wieder in die Ortschaft schlich, wie der Tod aufmerksam nach den Fußspuren spähte, die in des Nachbars Haus führten. Als der Knochenmann in der Tür des Nachbars verschwand, machte der schlaue Hutthurmer mit beiden Füßen kehrt und schritt, den Rücken voran, in sein eigenes Haus.

Der Tod kam bald an seine Tür, sah die herausführenden Fußstapfen und ging vorüber. Am Morgen schritt der Hutthurmer auch rücklings aus dem Hause heraus. Der Tod erschien wieder vor der Tür, sah die hineinführenden Spuren, trat ein und suchte in jedem Winkel. Aber umsonst.

So tat nun der Mann Tag für Tag, und der Tod wußte nie, wann er zu Hause war. Endlich gab es der Knochenmann auf, ihn zu suchen und verließ die Ortschaft. Der Mann war der einzige in Hutthurm, der das große Sterben überlebte.

Der Teufel im Dachsbergerwalde

Es ging einmal ein Mann durch den Dachsbergerwald nach Hutthurm. Er hatte im Wirtshaus getrunken und gestritten und fluchte und lästerte noch im Heimgehen wie ein Wilder. Da fingen mit einem Schlag die Bäume alle um ihn her zu brennen an. Und vor ihm stand einer mit einem Jägerhütl und sprach: „Komm mit, du gehörst mir!" Da ward der Flucher schnell nüchtern und sprang in die Dachsbergerkapelle hinein. Im Augenblick verschwand der Grünhütel und der Wald brannte nicht mehr.

Sitt Marie

Der Tod in Hutthurm

Der Teufel von Höllbüchl

I.

Vor 50 Jahren konnte man in Höllbüchl bei Nirsching den Teufel sehen und hören. Manchmal fuhr er mit feurigen Rossen umher. Er knallte mit seiner Peitsche so fürchterlich, daß es krachte und „surmte". Auch Holzmachen hörte man ihn zuweilen, daß man meinte, der ganze Wald stürze zusammen.

Einmal ging ein Mann durch den Höllbüchl. Da stand ein schwarzes Pferd am Wege. Er wollte es wegtreiben; aber es wieherte so wild und schlug so gewaltig um sich, daß der Bauer voll Schrecken davonlief.

II.

Joseph Bauer von Bärnreut, genannt Wagner-Sepp, hatte in Passau Mehl und Grieß gekauft. Auf dem Heimwege mußte er durch den Höllbüchl gehen. Es war schon finster, als er da ein Fuhrwerk einholte. Er bat, aufsitzen zu dürfen. Der Fuhrmann erlaubte es; er stieg auf und setzte sich auf seinen Sack. „Nun fahr zu in Gottes Namen!" sprach er. Kaum hatte er diese Worte gesagt, fing ein heftiger Sturmwind an, daß er meinte, alle Bäume des Waldes fielen zu Boden. Als er sich in seinem Schrecken recht besinnen konnte, saß er neben seinem Sacke auf dem Boden, und Roß und Wagen waren verschwunden.

Willibald Geyer

Die Teufelskatze

Einmal ging ein Mann von Enzmannsreut zur Kanamühle bei Waldkirchen. Es war Nacht und er mußte ein Gehölz durchschreiten. Da rief eine Stimme aus dem Busche: „Sag's der Kanamüller-Muzi, morgen begrab'n ma den Pfleger von Ranariedl!" Das war der Pfleger der 7 künischen Dörfer und er wohnte in Jandelsbrunn.

Wie der Mann in die Mühle kam, erzählte er sein Abenteuer. Da sprang plötzlich die Katze vom Ofen zur Tür, machte diese selber auf und war verschwunden.

Willibald Geyer

Die Hexe von Wittersitt

Der alte Fernberger in Prag, gebürtig aus Wittersitt, erzählt: Beim Fruth Hansl in Vorderwittersitt hatten sie eine „kleine“ Dirn. Diese sagte einmal zu der „großen“ Dirn in der Rauhnacht beim Fußwaschen: „Willst heiraten?“ „Ja,“ sagte die andere. Die „kleine“: „Dann schaug dir einen außer!“ und sie zeigte ins Fußwasser. Da sah nun die „große“ Dirn einige Burschengesichter drin. Sie zeigte mit dem Finger auf eines hin, und schon sprang der Bursche heraus und biß sie in den Finger, daß sie blutete. Und der Bursche tauchte einen Federkiel in den Blutstropfen und unterschrieb auf einem Papierfetzen den Namen der „kleinen“ Dirn. Da wußten alle, daß die „kleine“ Dirn eine Hexe sei; denn der Bursche war der Teufel. Man singt heute noch in Wittersitt ein Gstanzl:

„Von Wittersitt bin i,
Wo zwoa Heisa stehnt;
Herentahoi uns
Ham's d'Hex vobrennt.“

Der Name Engelburg

In alten Zeiten bedeckten unsere Gegend Wald und Wildnis. In diesen Urwald hinein verirrte sich ein jagender Ritter, der einen Bären verfolgte. Der Bär war ein riesenhaftes, zottiges Tier, das mit dem Kopf über die Gipfel der Bäume reichte. Als der Bär erlegt war, stieg der Ritter auf dessen Rücken und sah im welligen Wald offene Stellen mit Gehöften. Die Gegend gefiel ihm. Er ließ den Wald auf der Höhe und am Abhang roden und auf der Spitze des Berges ein Schloß erbauen. Nun stand die Burg da mit den drei Türmen, aber er wußte nicht, wie er sie nennen sollte. Aus einem der Gehöfte nahm er ein Mädchen zur Frau. Beide lebten glücklich miteinander. Aber dann mußte der Schloßherr mit dem Kreuzzug ins gelobte Land ziehen zum Kampfe gegen die Türken. Die Schloßherrin weinte Tag für Tag und ließ sich nicht trösten. Lange Zeit kam keine Nachricht. Nach Jahr und Tag kam der Kreuzritter selbst zurück. Heller Jubel erscholl im Schloß. Der Ritter erfuhr von den Nachbarn, daß seine Frau während der Kriegszeit gelebt habe wie ein Engel. Jetzt wußte er auch einen Namen für die Burg. Er nannte sie Engelburg.

Nach Mater Salesia Oberneder

Die zwei Riesen

Wenn du von der Feste Oberhaus nach Ries gehst, siehst du an klaren Tagen in der Ferne gegen Norden weiße Mauern schimmern; dies ist die Burg Fürstenstein. Eine kleine halbe Stunde von Fürstenstein auf dem Nachbarberg steht die Englburg. Die zwei Burgen sind in alter Zeit von zwei Riesen erbaut worden, die Granitsteine dazu gaben die Berge.

Die Riesen bauten zu gleicher Zeit. Weil sie beide mitsammen aber nur einen einzigen Hammer hatten, so schutzte ihn einer dem andern von Berg zu Berg zu.

Als der Fürstensteiner mit dem Bau fertig war und dem Englburger den Hammer zum letztenmal zu warf, schrie er hinüber: „Ich brauch ihn nicht mehr!“ Da tat auch der andere den letzten Schlag und rief zurück: „Brauch ihn auch nimmer; schau auf, wie weit er fliegen kann!“ Und er holte mit dem Arm weit aus und schleuderte den Hammer mit gewaltigem Schwung.

Der Hammer flog hoch über den Kopf des Fürstensteiners hinweg, in mächtigem Bogen über Wald und Land und Wald und Land, weit bis über die Alpen. Und als sich die zwei ein wenig streckten, sahen sie noch, wie er ins Meer niedersank, daß das Wasser hoch aufspritzte.

Die Bründlkapelle

Gehst du von Kalteneck über Enzersdorf nach Tittling, so kommst du vorüber an der Bründlwiese, wo eine Kapelle steht. Und zwei Quellen entspringen dort, das große und das kleine Brünnl.

Es liegt schon lang zurück, so an 300 Jahr, da lebte in der Gegend Graf Lux. Er war reich und mächtig – auch glücklich? Nein, das war er nicht; denn seine einzige Tochter schien dem Tod verfallen. Gelehrte, Doktoren aus aller Herren Länder, Leute, die etwas gegen das Sterben wußten, sie kamen und gingen, aber die Sorge nahm keiner mit sich.

Eines Nachts nun, da die Gräfin wieder voll schweren Herzens an dem Bette ihres Kindes saß, mußte sie an eine Mutter denken, die auch Leid getragen, noch viel heißeres Leid wie sie: Maria. Und sie faltete die Hände über die fiebernden der Kranken. „Maria, hilf!“ – so betete sie, bis der Morgen kam.

Da aber meldete man, auf der Danglmühlwiese seien zwei Quellen entsprungen. Die Gräfin erblickte in diesem Vorkommnis ein Zeichen des Himmels und ließ ihre Tochter dahin bringen, und sieh, das Wasser war klar und stark und so warm, als wäre es lange in der Sonne gelaufen. Wie nun die Kranke die Wellen um ihre Glieder rieseln fühlte, ward sie zur Stunde gesund.

Darob nun großer Jubel in weiter Gegend. Zu allen Kranken drang die seltene Kunde; sie kamen aus den Waldbergen, von der Donau herauf zur „Bründlwiese." Und die Quellen heilten jeden Schmerz.

Graf Lux wollte zum Dank eine Kapelle bauen, wußte aber nicht gleich wohin. Da schneite es, obwohl es mitten im August war, und die Felder, Wiesen, Wälder rings waren weiß wie an einem Wintertag; nur eine Stelle blieb frei. Dahin baute der Graf das Kirchlein; es heißt bis heute noch „Maria Schnee."

Über hundert Jahre gingen dahin. Die Grafenfamilie war längst gestorben. Auf dem Stammschloß der Herren von Lux lebte der letzte seines Geschlechtes. Er war habgierigen Sinnes, sein Herz kannte kein heißeres Begehren als Gold. Da bot man ihm hohen Preis für die Bründlwiese und ihre heilkräftigen Quellen und er verschacherte sie.

Von der Stunde an ist das Wasser kalt und ohne Wunder rinnt's durch die Wiesen.

Elisabeth Leidl

Der Teufelsstein am Blümersberg

Tittlinger Sage aus dem 16. Jahrhundert

Die Tittlinger mußten früher nach Neukirchen v. W. zur Kirche gehen. Nun wollten sie selbst ein Kirchlein haben. Sie sammelten Geld, und als Advent war, stand bereits ein hölzernes Kirchlein mit einem Altar in Tittling. Die Christnacht kam. Ein geweihtes Glöcklein im Turm rief die Frommen aus nah und fern zur Christmette.

Der Teufel, der in dieser Gegend noch nie eine geweihte Glocke gehört hatte, kam durch die Luft dahergesaust. Vom Blümersberg herunter schaute er nach Tittling und sah das Kirchlein. Er beschloß, es zu vernichten. Er hob einen Felsblock auf und wollte ihn auf das Kirchlein schleudern, damit Kirche und Beter zermalmt würden.

Da kam ein gewaltiger Windstoß, so daß der Teufel den Stein kaum mehr halten konnte. Er grub seine Tatzen fest in den Block und holte erneut zum Wurfe aus und siehe – da trug der Wind den frommen Gesang der Beter: „Gloria in excelsis Deo" aus dem Kirchlein zum Teufel hinauf.

Da brachen des Teufels Arme kraftlos zusammen, der Stein rollte in die Tiefe, in das Feld gegen Nordost hinunter. Das Kirchlein stand aber noch 300 Jahre, bis es 1803 durch Feuer zerstört wurde, dem auch der alte Markt zum Opfer fiel.

Aus: Karl Mayerhofer, „Ahnenerbe",

R. Oldenbourg, München und Berlin

Der Teufelsstein am Blümersberg

Die 3 Schatzgräber

Es war in einer hellen Mondnacht, als 3 Tittlinger Handwerksgesellen mit Schaufeln und Hacken zum Hohenwarter Schloßberg zogen, um den Schatz dort zu heben. Schweigend muß man solche Arbeit verrichten.

Nicht lange, da kam eine eiserne Truhe zum Vorschein. Da aber die drei Burschen, so stark sie waren, die Last nicht zu heben vermochten, hackten sie aus jungen Fichtenstämmen Prügel, mit deren Hilfe sie den Schatz glücklich emporhoben.

Schon hielten sie die Eisenkiste über dem Loch, als auf der Hohenwarter Straße ein Bäuerlein dahergeschritten kam. Der Bursche, der es zuerst sah, flüsterte seinen Freunden zu: „Rührt euch nicht!"

Kaum aber war das über seine Lippen gekommen, als die Tremmel zerbrachen und die Truhe mit ungeheurem Krachen in unsichtbare Tiefen hinabstürzte.

Im Wald aber fing ein entsetzliches Rauschen an und gespenstische Nachtvögel kamen aus den Winkeln hervor und verfolgten mit heiserem Krächzen die 3 Burschen, die durch die Rede den Schatz ein für allemal verscherzt hatten.

Karl Mayerhofer

Die Teufelsbeschwörung

In Tittling lebte vor nicht langer Zeit ein Böhm, Wenzel Stelick. Einstmalen beschloß er in der hl. Christnacht mit 4 verwegenen Tittlinger Handwerksgesellen den Teufel zu beschwören. Dieser sollte sie reich machen und dafür die Seele von einem der 5 Burschen erhalten.

Darüber wurde das Los geworfen, und es fiel auf Wenzel. So zogen sie eine Stunde vor Mitternacht gegen die Schneidermühl und hoben an einem Kreuzweg, wo von allen 4 Wegen schon Leichen zum Gottesacker gebracht worden, einen Bannkreis aus, den sie mit dem ausgestochenen Rasen umlegten. Sie selbst stlellten sich in den Kreis hinein, einer hinter dem andern, der letzte war der Böhm, der dem Teufel gehören sollte. Er hatte sich mit einem Hanfseil einen großen, hölzernen Herrgott auf den Buckel gebunden. – Als es nun Mitternacht schlug und die Mettenglocken klangen, murmelten die 5 die Beschwörungsformel. Al sogleich sprang die Erde auf und in Schwefelwolken gehüllt erschien der Teufel, der sie fragte nach ihrem Begehr. Als sie ihren Wunsch bekanntgegeben, steckte er dem 1. Burschen die Taschen voll Gold, worauf dieser sprach: „Der hinter mir!"... und so sprachen auch die andern drei, bis der Wenzel kam. Die 4 hatten sich flugs aus dem Teufelskreis davongemacht. Und so rannte der Teufel auf den Böhm los und suchte ihn in die Erde zu ziehen. Er konnte aber den Burschen nicht von der Stelle heben, da dieser die Kreuzeslast am Rücken hatte und als der Teufel zu einem neuen Angriff anpacken wollte, läuteten die Glocken in Tittling zur hl. Wandlung. Damit war die Macht des Bösen gebrochen und er fuhr mit Brüllen davon. In der Luft war ein Brausen und Zischen. Die Kirchgänger aber sahen auf ihrem Heimweg von der Mette einen Mann, der schreiend herumirrte mit dem glühenden Christus auf dem Rücken. Es war Wenzel Stelick, der den Verstand verloren hatte.

Karl Mayerhofer

Das Nachtgjoad bei Tittling

Es war um die schöne Weihnachtszeit, als eines Abends der alte „Gruammüller" über die Insel her gen Tittling kam. Da sah er nicht weit von der Kapelle ein weißes Roß, das auf ihn zutrabte. Als es näher kam, unterschied er auf dem Pferdeleib Brust, Hals und Kopf eines Menschen.

Der Alte fing zu laufen an; denn er hatte den Raubschützen erkannt, der mit seinem nächtlichen Gesinde über die Wälder einherfährt, daß sich die Baumkronen biegen und die Luft zu kochen und zu brausen anfängt. Aber wie sich der alte Mann auch zu entkommen quälte, plötzlich fühlte er sich durch die Luft dahingetragen. Und dann jagte, sprengte und raste es mit Heulen und Pfeifen, Hunde bellten, Raben krächzten, Eulen kreischten und mit entsetzlichem Klagelaut drangen dem Alten Menschenstimmen ins Ohr.

Die tolle Luftreise ging gegen das Rottautal durch Busch und Dorn, über Felder und Steinschläge. Und als sie an das Rottauwasser kamen, da senkten die wilden Geister ihren Flug und der Alte meinte nun bei jedem Herzschlag, er müsse hinunter fallen und im Wasser ersaufen. Aber weiter ging es gegen den Daxstein zu, und erst als der Morgen graute, fand das wilde Jagen ein Ende.

Und der Alte rutschte, von den Geistern losgelassen, durch eine Fichte auf die Erde hinunter in den Waldschnee mit zerschundenen Gliedern. Als er den Heimweg suchte, liefen ihm zur Seite die abgehetzten Hunde der Bauern, die der wilde Jäger auf der nächtlichen Fahrt von den Koppeln gerissen hatte.

Karl Mayerhofer

Das Schwarzbuch des Geiermüllers

Der Müller Schopf zu Geiermühle war im Besitz eines Schwarzbuches. Einst las er in der Christnacht darin, und als die Mettenglocken von der Pfarrkirche in Neukirchen v. W. herübertönten, schob er das Buch zur Seite. Er machte sich auf den Weg zur Kirche. Der Knecht des Müllers war zu Hause geblieben. Er fand das Buch auf dem Tische liegen und fing darin zu lesen an.

Da erhob sich auf einmal ein Flattern und Rauschen und durch den Kamin kamen Raben geflogen und füllten die ganze Stube und hackten mit ihren Schnäbeln auf den Müllerburschen ein, daß ihm Hören und Sehen verging.

Inzwischen war der Müller bei der Kirche angelangt. Da fiel ihm ein, daß er vergessen hatte, sein Teufelsbuch zu verstecken. Er lief eilends heim. Als er aber die Stube betrat, sah er den Knecht blutend und stöhnend am Boden liegen. Derselbe wäre sicherlich zu Tode gehackt worden; aber der Müller wußte sich zu helfen. Er lief schnell auf den Kornboden, holte ein Sander (Metzen) Hirse und streute sie den Vögeln hin. Diese ließen sogleich von dem Mühlburschen und pickten und pickten die Hirse auf.

Unterdessen setzte sich der Müller an den Tisch und fing in seinem Buch rückwärts zu lesen an. Da flogen die Raben einer nach dem andern durch den Rauchfang davon.

Karl Mayerhofer

Der Goldacker

In der Kneistinger Flur liegt auf waldbesäumtem Hügel ein steiniger Acker, von den Bauern der Umgebung „Goldacker" oder „Anwender" genannt. Er gehörte vor Jahren einem Bäuerlein, das sich redlich plagte, ihn in fruchtbares Land zu verwandeln.

Beim Ackern wurde oft die Pflugschar schartig von den großen Steinbrocken, die haufenweise unter der Erde lagen, und wenn darob das Bäuerlein knurrte, ließ sein Öchslein jedesmal einen Brummer hören; sodann der Bauer sprach:

Öchsle hü, Öchsle hot!
Ziagst ma net a, kriagst an Stock!
Ziagst ma, kriagst an Haberbock,
Öchsle hü, Öchsle hot!

Da begab sich einmal nach solcher Rede, als der Ochs den Pflug über einen großen Steinbrocken reißen wollte, sich dabei tüchtig ins Geschirr stemmte und nach Leibeskräften zog, daß er den Boden durchtrat und in eine Grube fiel. So sehr nun auch das Bäuerlein wetterte, das Tier kam nicht mehr aus dem Loch. Es schien, als würden seine Beine im Boden zauberhaft festgehalten.

Da machte sich das Bäuerlein davon und rief seine Nachbarn herbei. Sie schoben dem Öchslein 2 Stangen unter den Bauch und hoben es so unter Schwitzen und Keuchen aus der Grube.

Wie staunten sie aber, als an jedem seiner 4 Beine ein armdicker Goldreif hing und an den Klauen eine Menge funkelnder Goldstücke glänzte!

So war das Bäuerlein mit einem Schlage ein schwerreicher Mann geworden. Aber der ließ von demselben Tag an Pflug und Acker liegen, und während sein Öchslein im Stall vor Hunger brüllte, verlegt er sich auf lustig Spiel und Tanz. Die Goldstücke rollten und rollten, und ehe er sich's versah, waren sie zu Ende. Da machte er sich eines Nachts nach seinem Acker auf, um den leeren Beutel wieder zu füllen. Jedoch er traute kaum seinen Augen! Über der Grube stand sein Öchslein und brummte:

Bäuerlein hü, Bäuerlein hot,
hast verlumpt den ganzen Schatz,
Stöck und Stoana lieg'n am Platz,
Bäuerlein hü, Bäuerlein hot!

Karl Mayerhofer

Was an den Galgen gehört, stirbt nicht

Die tapfere Burg Diessensein hoch über der Ilz mußte sich ergeben. Einhundertdreiundneunzig Mann der bayerischen Besatzung mit ihrem Anführer Schrenk waren noch am Leben. Sie streckten vor dem Schrecken des Bayerischen Waldes, dem Pandurenoberst Trenk, die Waffen. Diesem hatte ein Kundschafter zugeraunt, daß ein Fäßchen mit 20 000 Gulden im Schlosse verborgen liege. Vergebens beteuerte Schrenk von dem Gelde nichts zu wissen; der raubgierige Pandur durchstöberte alle Gemächer und zuletzt auch die Keller. Hier fiel Trenk eine mit Stroh überflochtene Tür in die Augen; sie aufreißen und mit der brennenden Kienfackel hineinstürmen, war eines. Er fand einen niedrigen, rundausgemauerten Behälter, auf dessen Boden mehrere Fäßchen umherstanden, und leuchtete hinein. „Es ist Pulver!" schrie er entsetzt. Zu spät; ein greller Blitz zuckte, ein furchtbarer Knall – und die Gewölbe stürzten krachend zusammen.

Der Stoß der Luft hatte den Panduren an die unversehrte Kelleröffnung geschleudert. Während er dort lag, gingen zwei Pulverhörner los, die er in seiner Tasche stecken hatte, und setzten seine Kleider in Brand. Noch besaß er Geistesgegenwart genug, die Patronentasche von sich zu werfen; kaum hatte diese die Erde berührt, als sie sich entlud.

Am ganzen Leib verbrannt, wurde er nach Passau gebracht, wo fünf Arzte erfolglos ihre Kunst an ihm versuchten. Ein altes Weib leistete der Menschheit den schlimmen Dienst, ihn durch ihre Hausmittel zu heilen, und schon nach einigen Wochen erschien er wieder bei seinen Horden zu neuen Greueltaten.

Nach Adalbert Müller

Die Dreisesseljungfrauen

Nicht weit von dem Berg, der jetzt Dreisessel heißt, standen einst drei Burgen: Wolfstein, Hauzenberg und Riedl. Dort lebten drei wunderschöne Edelfräulein. Drei Ritter kamen um sie zu freien.

Die Fräulein waren hochmütig und wollten sich nur mit Fürsten vermählen. Aber mit falschem Sinn versprachen sie die Frauen der Ritter zu werden, wenn diese die schrecklichen Drachen töteten, die in den Waldklüften hausten. Lägen die Untiere erschlagen, so sollten die Ritter in der Dreikönigsnacht auf den Gipfel des Berges steigen, dann würden sie die Fenster der Burgwarten in hellem Lichterglanze sehen und die drei Fräulein selber würden kommen und sie zur Hochzeit holen. Als Pfand erhielt jeder einen Goldreif an den Finger.

Die drei Ritter dachten nicht an Spott, sondern zogen aus, die Drachen zu bekämpfen. Sie ließen es sich sauer werden und wagten ihr Leben. Und was niemand geglaubt hätte: sie bezwangen die greulichen Untiere.

Als der letzte Lindwurm erschlagen lag, kam die Dreikönigsnacht. Die Ritter brachen sich Bahn durch den tiefen Schnee hinauf auf den Berg. Sie harrten des Lichtscheins – aber kein Fenster auf den Warttürmen leuchtete, kein Fräulein kam.

Da wußten die Ritter, woran sie waren. Zorn ergriff sie. Sie stießen eine furchtbare Verwünschung aus, streiften die goldenen Ringe von den Fingern und schleuderten sie in den felsigen Abgrund.

Und siehe, weil die Ringe Pfänder waren, hatte die Verwünschung Macht: die drei Fräulein welkten dahin und starben.

Aber sie fanden keine Ruhe. Alljährlich in der Dreikönigsnacht verlassen die Verwunschenen das Grab und wandeln über Schnee und Eis zum Gipfel des Berges hinan. Dort haben sie sich aus Felsblöcken drei Sessel errichtet, drauf setzen sie sich und warten bis zur Mitternacht. Dann stehen sie auf, klimmen hinab in den felsigen Abgrund, wühlen mit den Fingern im Schnee und suchen die Goldreifen.

Der Berg mit den Sesseln von Felsen ward Dreisessel genannt und heißt so bis auf den heutigen Tag.

Nach Adalbert Müller

Die Dreisesseljungfrauen

Die Bolayburg am Dreisessel

Am Dreisessel stand in alten Zeiten die Bolayburg. Der Raubritter Bolay saß eines Abends mit dem Burgwart beim Wein und sagte fluchend: „Und heute muß noch ein Gast kommen für die schöne Stube – und wenn's der Teufel selber wär'!"

In dem Augenblick tönte draußen das Horn des Turmwächters. Der Burgwart ging hinaus und bald trat er mit einem fremden Ritter wieder ein. Der Fremde ersuchte um Nachtherberge.

„Seid mir willkommen!" sprach Bolay und ließ ihm Wild und Wein auftragen. Und die drei saßen beisammen bis gegen Mitternacht.

Da verlangte der Gast nach seinem Schlafgemach und zog einen mit Gold gefüllten Beutel heraus um zu bezahlen. Aber Bolay wies das Geld zurück und sprach zum Burgwart: „Geh' mit dem Licht voran!"

Dieser leuchtete voran, der Fremde folgte, und Bolay schritt hinterdrein. An einer eisernen Tür steckte der Burgwart den Schlüssel ins Schloß.

Der Gast wandte sich an Bolay und fragte: „Wohin führt diese Tür?" „In die schöne Stube!" antwortete der Raubritter.

Indessen hatte der Burgwart geöffnet – doch aus der Tür gähnte ihnen ein schwarzer Abgrund entgegen.

„Bolay, das Maß deiner Sünden ist voll!" sprach nun schrecklich der Gast. Und ehe ihn die beiden andern in die Tiefe stürzen konnten, quoll aus dieser lohendes Feuer empor. Rasch gab der Fremde dem Burgwart einen Stoß und mit höllischem Gelächter folgte er ihm selbst in die Flammen: Der Fremde war der Gottseibeiuns. Verzweiflungsvoll wollte Bolay durch die Tür fliehen, doch diese war krachend ins Schloß gefallen, der Schlüssel aber mit dem Burgwart in den Abgrund geflogen.

Am Morgen fegte der Wind über den Steinhaufen der verfallenen Bolayburg.

Nach H. Schaffer

Der Schatz unter der Bolayburg

Einst wurde in der Gegend des Dreisessels ein Pascher erschossen. Er hinterließ eine Witwe mit einer Waise von kaum 2 Jahren. Die arme Frau war der bittersten Not preisgegeben.

Bettelnd kam sie einmal in das Gasthaus in Klafferstraß. Anwesende Holzhauer erzählten eben von einem verborgenen Schatz in der Bolayburg: Wer Mut und Tugend habe und bei der Fronleichnamsprozession während des Johannesevangeliums an den Ort käme, könne ihn heben. Die Frau merkte gut auf.

Am folgenden Fronleichnamstag fand sie sich mit ihrem kleinen Mädchen bei den Trümmern der Bolayburg ein. Als die Glocken das Johannesevangelium verkündeten, öffnete sich ein Gewölbe und Haufen glänzenden Goldes strahlten heraus.

Eilig trat die Frau in die Gruft, setzte das Kind vor den Schätzen zu Boden und nahm, soviel sie nur fortschaffen konnte. Schnell kam sie wieder, um das Kind herauszutragen – aber verführt von dem Glanze raffte sie nochmals Gold zusammen und brachte es aus der Gruft. In höchster Hast stürzte sie zurück, um das Kind zu holen – aber schon war der Segen des Evangeliums vorüber. Das Gewölbe mit den Schätzen war verschwunden; ein grauer Steinhaufen, von Moos überzogen, lag da. Das Kind war, weiß Gott wo, in der Tiefe eingeschlossen.

Die arme Frau verlor ihren Verstand. Sie starb.

Ein mutiger Mönch von Aigen in Böhmen aber holte das Kind im nächsten Jahre am Fronleichnamstag beim Segen des Johannesevangeliums wohlbehalten wieder aus dem Burggewölbe.

Den Schatz hat niemand mehr gesehen.

Nach H. Schaffer

Bestrafter Spott

Die Panduren beschossen die Burg Bärnstein zwischen Grafenau und Schönberg von einem gegenüber liegenden Berge aus, ohne ihre felsenfesten Mauern stürzen zu können. Der vergeblichen Arbeit müde, waren sie schon daran das Feuer einzustellen, als der Schloßhauptmann in unzeitigem Übermut einigen seiner Mannschaft Besen in die Hand gab, damit sie die Spuren der eingefallenen Kugeln von den Mauern abkehrten. Ob diesem Spott ergrimmten die Anführer des Feindes aufs äußerste und trieben durch Scheltworte und Säbelhiebe ihre Leute zum Sturm gegen das Schloß an.

Die Burg wurde genommen und zerstört.

Adalbert Müller

Die Schelme auf dem Lusen

Die Schelme auf dem Lusen

In der Zeit, da den Bayerischen Wald noch keine Fahrstraßen durchquerten und die Händler mühsam mit Saumrossen auf dem Goldenen Steig von Passau nach Böhmen zogen, ging auch ein Seitenweg über den Galtzkopf des Lusen. Und da war hoch oben für die Säumer eine Brothütte aufgeschlagen. Aber weil sie gar so hoch oben und weit in der Wildnis stand, konnten Bäcker und Bäckerin nicht selbst da sein und feilhalten, sondern die Hütte stand offen und unbewacht. Wen hungerte, langte in die Brotlade und legte rechtschaffen das Geld hierfür in einen Kassenstock, der in die Felsen eingeschmiedet war Da nahm sich nun mancher Salz- und Geschirrführer ein Brot und zwei und vergaß pfiffig, die Münze in den Kassenstock zu legen. Aber die Wildnis hatte Augen und der Berg hatte Macht: wer nicht zahlte, wurde in ein Felsenstück verwandelt. Wenn du heute auf den Lusen steigst, siehst du oben einen ungeheuren Haufen granitener Felstrümmer liegen – es müssen einst viele Schelme über den Lusen gegangen sein.

Nach Ludolf Silvanus

D'Brotbänk' an der Blauen Säul'n

Ja, dös hand so Sach'n, dös Banna (Bannen) hat's geb'n. Dö junga Leut' glaub'n ja nix mehr und dö G'studiert'n no wen'ger – wahr is's hoit do'. Wia der Albert no' in d'Schul' ganga is', hat er a so a „Sagenbüachl" hoambracht – Bibliothekbüachl hat er's g'nennt. Da han i' selber drin g'les'n, daas dö Es'ltreiber, dö's Brout g'freß'n und koa' Geijd nöt hi'g'legt hamt, in ein Lus'nstoa verwand'lt hand wor'n.

Is' oij's dastunka und derlog'n, wann mi' ebba fragt. G'bannt is' a irda (jeder) wor'n, 's Ang'frern (Angefrieren) hamt dö oit'n Leut g'kinnt. Is' a ang'schlag'n g'wen drob'n in der Hütt'n, wia's eahm geht, wann er koa' Geijd nöt hi'legt fürs Brout. Und wia's heut Leut g'nua gibt, dö dö Sach'n nöt glaub'n, so hat sie's hoit dort a geb'n. Dortg'stand'n hand's aber nachand do neben der Brouthütt'n wia d'Bam. D'Graf'nauer hamt sogar ein' Mann aufg'stellt, der jed'n Tag auffigeh'n hat müaß'n, daas er dö Spitzbuam, dö Brout-Diab, wieder entbannt hat, sunst wär' so a Kerl no' vorreckt a – wär' wirkli' Sünd' und Schad' g'wen drum.

A. Biberger

Scheichtsame Geschichten. Pössenbacher, München

Wie sich der Bräuer vom obern Kreuzberg vor den Franzosen in Sicherheit brachte

In der Franzosenzeit legte der Bräuer von Oberkreuzberg schon aus Geschäftsrücksichten gegenüber den bei ihm zechenden Franzmännern, die in ihrer vielen dienstfreien Zeit den Franken rollen ließen und allen erdenklichen Unfug verübten, eine große Langmut an den Tag. Wenn es aber galt die Ehre seines Hauses zu schützen, so war er sich seiner Pflicht als Hausherr wohlbewußt. Als ein betrunkener Franzose, wie schon öfters, grobes Ärgernis erregte, verwies er ihm dieses ernstlich, wobei er mit den Worten schloß: „Das gibt es in meinem Hause nicht!" Der hitzige Franzose aber, der nicht gewohnt war, sich Zügel anzulegen, erwiderte: „Das gibt es in deinem Hause!" und versetzte ihm eine Ohrfeige. Nun stieg dem Waldler auch sein Blut. Er wurde mit dem Welschen handgemein, und dieser Kampf endete unglücklicherweise nicht eher, als bis einer von den zweien auf immer verstummte, und das war der Franzose.

Um der Rache der Kameraden des Getöteten zu entgehen, mußte unser Landsmann aus seinem eigenen Hause flüchten. Hatte er sich im Zweikampf als Mann der Tat erwiesen, so zeigte er sich jetzt als findiger Kopf. Er entwich eilends und suchte Unterschlupf – wo denkt ihr? – in der Grafenauer Fronfeste. Der Eisenmeister, der auf die Franzmänner ohnehin nicht gut zu sprechen war, ließ sich nach kurzem Besinnen herbei, den ihm wohlbekannten vermöglichen und angesehenen Gerichtsangehörigen in eine leere Zelle einzutun.

Der Posthalter wurde laut Tagesbefehl als Mörder gebrandmarkt, die Angehörigen aller umliegenden Gemeinden vor der Kirchentüre mit der Schelle aufgefordert, an seiner Ergreifung mitzuwirken, etwaigen Hehlern aber schwerste Strafe angedroht. Lange suchten die Häscher nach dem Geächteten, Streifwachen durchzogen die dunklen Forste am Rachel und lauerten in den Ortschaften bei Tag und Nacht. Doch der Gefängniswärter behütete sein Geheimnis und niemand unter den Verfolgern kam auf den Gedanken, im Gerichtsgebäude nachzuzählen, ob nicht einer zu viel darinnen sitze. Dieser aber erfreute sich unter aufmerksamer Kost und Pflege des besten Wohlseins. Nachdem alles Nachforschen erfolglos war, beruhigten sich die Franzmänner bei dem Gedanken, daß der Herr von Hilz – so schrieb sich der Gesuchte- über die österreichische Grenze auf feindliches Gebiet geflohen sei.

Der Eisenmeister aber konnte nach glücklich überstandener Franzosenzeit der Wahrheit gemäß behaupten, daß man bei ihm am besten aufgehoben wäre, weshalb eine landläufige Redensart mit Fug und Recht sagt, daß sich einer auf Nummer Sicher befindet, solange er hinter Schloß und Riegel sitzt.

Otto Liebhaber

Die Kirche von Marienberg

Als der Ilzgau an den Quellflüssen der Röhrnach besiedelt wurde, wollte man für die rings verstreuten Ortschaften eine Kirche bauen. Inmitten des Kirchspiels lag an der Stelle des heutigen Innernzell eine Einöde. Dort stand eine Bildsäule Unserer Lieben Frau. Dieser sollte ein würdigeres Heim bereitet werden; man begann mit dem Bau der Kirche.

Aber der Himmelskönigin gefiel es nicht in jener einsamen Gegend. Das Bildnis wanderte über Nacht aus und stand am nächsten Morgen in einem Dorf eine gute Wegstunde weiter.

Die Bauleute machten große Augen, als sie das Heiligtum vermißten. Noch mehr erstaunten sie, als sie erfuhren, wo die himmlische Schutzfrau aufgefunden wurde. Sie glaubten an eine heimliche Entführung, trugen das Bild wieder an seinen Ort zurück und sperrten es ab. Am nächsten Tage aber war die Mutter Gottes wieder verschwunden und hatte sich am gleichen Platze wie tagsvorher niedergelassen. Zum zweitenmal brachte man sie zurück. Aber in der dritten Nacht war es dem Zeller, der das Bild zu bewachen hatte, als vernähme er im Traume eine noch nie gehörte Stimme, die mit lieblichem, aber doch bestimmtem Klange rief: „Abschlagen tu ich's nicht, wenn ihr um was bittet, aber da bleib ich nicht!" Und als der Schläfer nachsah, war die Mutter Gottes bereits wieder auf Reisen gegangen nach dem Ort ihrer Wahl.

Nun erkannte man, daß ein höherer Wille waltete, und baute die Kirche zu jenem Dorfe und nannte dieses Marienberg. Später erhielt es den Allerweltsnamen Kirchdorf und zuletzt das Anhängsel „im Wald".

Otto Liebhaber

A Lugenschübel

(Unterwäldlerisch)

Wie wir in die Schule gegangen sind – erzählte meine sel. Mutter – hat der Zargenschneider Lenz auf der Öd (bei Kirchdorf i. W.) vor dem Hause heraußen Holz gespreißelt. Wir Schulkinder sind um ihn herumgestanden und haben Mund und Augen aufgerissen, wenn der Aufschneider zum soundsovieltenmale erzählte:

„Amoi bin ö as Hoiz außö ganga und han Voglnösta gsuacht. Do han ö a Moisnnöst akehrt. Dös hätt ö gern o'gnumma. I han oba mit da Hand nöt eikinnt, wa's Lo z' kloa gwön is. Jatz bin ö herganga und bin osa ganzö ei'gschloffa. Nochad han ö nimma außa kinnt. Oft bin ö gschwind um a Hackl hoamgrennt und han's Lo' größer g'macht. Dawei han a mö a d' Ferschtn ghaut. Do schauts her, do kinnt's dö Schrama heit no sehng!"

Indem er das sagte, zeigte er uns den Fuß, an dem wir wirklich eine tiefe, klaffende, vom sog. Baumhackl herrührende Schrunde sahen

Otto Liebhaber

Dem Arber zu

Die Deggendorfer Knödel

Die Hussiten belagerten Deggendorf. Viermal stürmten sie. Aber vergebens. Endlich zogen sie ab.

Die Deggendorfer feierten ein Freudenfest. Bei diesem ging es hoch her. Knödel gab es so groß wie die feindlichen Stückkugeln, die man in der Stadt gefunden. Zwei solche Steinkugeln faßte man in Ketten und hing sie außen am Rathaus auf. Da hängen sie noch heute und heißen landauf, landab: die Deggendorfer Knödel.

Otto Liebhaber

Die Höll

Ein Schrannenbäuerlein fuhr einmal ein wenig angeheitert und schon spät von Deggendorf heimwärts auf der Straße, die nach der Rusel führt. Die Schlucht, durch die der Mühlbogenbach rauscht, galt früherszeiten als nicht geheuer. Darum ward dem Bäuerlein gruselig, als er in den Tobel hineinlenkte. Plötzlich blieben die Gäule stehen und waren weder durch Hühot! noch durch Peitschenknall wieder in Bewegung zu bringen.

Erschreckt rief der Bauer in die Nacht voran: „Wer is do?“ Hohl antwortet der Widerhall: „... is do!“ Und horch! Aus der Finsternis schallt es geisterhaft und schrecklich: „Die Nacht ist mein, der Tag ist dein!“

Der Bauer ist auf einmal ganz nüchtern. Es überläuft ihn eiskalt. Das ist der Teufel! In seiner Angst nimmt er sich ein Herz und schreit in die Nacht hinein: „Sand jo Jesus, Maria und Joseph aa bei da Nacht groast!“

Schau, die drei heiligen Namen waren des Bauern Glück. Es entstand ein Sausen und Krachen; grünes züngelndes Feuer sprang aus der Erde, der Teufel fauchte und heulte, und mit Schwefelgestank fuhr er die Schlucht entlang und hinab zur Hölle.

Und Höll nennt man die Schlucht zur Rusel hinauf bis auf den heutigen Tag.

Ludolf Silvanus

Die Höll

Das Begräbnis des Wucherers

In der Gotteszeller Gegend lebte ein arger Wucherer, der sich das Elend der Mitmenschen rücksichtslos zunutze machte, indem er unerhörte Preise für seine Erzeugnisse forderte. Als er älter wurde, stiftete er, vom schlechten Gewissen geplagt, die große Glocke für die Kirche von Gotteszell. Zugleich verfügte er letztwillig, daß man seinen Leichnam dereinst dorthin zur Kirche bringe. Die Gebete aller, welche vom Klange seiner Glocke zur Kirche gerufen würden, sollten ihm die Barmherzigkeit Gottes und die ewige Ruhe sichern. Doch die schlaue Berechnung erwies sich als falsch. Der alte Sünder starb eines jähen Todes. Man traf die Anstalten zu seiner Beerdigung. Als der Leichenzug an die Pfarrgrenze kam, hielten die Pferde plötzlich inne. „Der Handige zieht nicht!" meinten die einen. „Der Sattelgaul mag nicht!" warfen die anderen ein. Keines der beiden Zugtiere war vorwärts zu bringen. Umsonst schwang der Fuhrknecht seine Peitsche über die am ganzen Leibe zitternden Tiere, die mit den Hufen stampften, aus den Nüstern prusteten und von Schweiß troffen. Unwillkürlich entfuhr da den Lippen des Rosselenkers, dem das Mißgeschick an seine Fuhrmannsehre ging, ein verwegener Ruf – man weiß ja, Fuhrknechte fluchen gern. „In drei Teufels Namen wird es ja dennerst gehen!" schrie er und hieb unmenschlich auf die Pferde ein. Kaum war ihm das frevelhafte Wort entfahren, so zogen die Pferde an und das Gefährte setzte sich in Bewegung. Man kam richtig in Gotteszell an und die Bestattung ging ohne weitere Störung vor sich. Am anderen Tage aber waren die Frühmeßleute nicht wenig erstaunt, als sie den Sarg mit dem Wucherer außerhalb des zugeschaufelten Grabes vorfanden. Kopfschüttelnd verrichtete der Totengräber seine Arbeit zum zweitenmal und weil sich der unheimliche Vorgang über Nacht wiederholte, grub er den Sarg zum drittenmal ein, doch immer ohne Erfolg. Nun war es offenkundig, daß die geweihte Erde den Bösewicht nicht behalten wollte. Der Totengräber weigerte sich denn auch, nochmal eine Schaufel anzurühren. Da entschloß man sich, den Sarg unter der Brücke zum Osterbrünnel zu verscharren. So geschah es.

Otto Liebhaber

Regener Wein

In früheren Zeiten, als an den sonnigen und windgeschützten Hängen des Weinberges in Regen die Rebe gepflanzt wurde, kam, ich weiß nicht aus welchem Grunde, der Satanas häufig in den Marktflecken, um die Christenmenschen zu quälen. Damit ihm die Teufeleien gelingen sollten, nahm er alle möglichen Gestalten und Stimmen an. Am liebsten gab er sich in der Rolle eines lebenslustigen Weidmanns, als der er die ehrenhaftesten Männer bei Trunk und Kartenspiel verdarb, sodaß die guten Sitten der Marktler arg Schaden litten. Weder strenge Verfügungen einer hohen Obrigkeit noch die kräftigsten Beschwörungen von seiten der Geisterbanner konnten ihn zum Abzug bewegen.

Als die Hartbedrängten gar nicht mehr wußten, was sie anstellen sollten, um den Grünhütler los zu werden, verabreichten sie ihm beim nächsten damals üblichen Gurgelwaschen (Zechgelage auf Gemeindekösten) auf den Rat eines „Landstreichers" von ihrem selbsterzeugten Wein.

„Da riß es ihn mit Schütteln: er sank in seinen Sitz und hielt sich Hals und Magen, als schneide ihn der Blitz" – er schrie, wie wenn er am Spieße steckte, hob sich, nachdem er ein paarmal um Luft geschnappt, unter abscheulichem Qualm und Gestank hinweg und kam von dieser Stunde an nie wieder.

Otto Liebhaber

Der Pfahl und das wilde Heer

In uralter Zeit, als der Bayerische Wald in seiner ganzen Länge und Breite ein einziger großer, weiter Berg war, von keines Menschen Fuß betreten, stand auf ihm die Götterburg Walhall. Ihre Riesenmauern waren von Kristall; von hier aus lenkte Wodan, der Göttervater, die Welt.

Aber die Menschen unten im flachen Lande wurden immer schlechter. Da ergrimmte er und beschloß das ganze Geschlecht von der Erde zu vertilgen.

Schon standen die Göttersöhne mit ihrem Heer der Helden und Schlachtjungfrauen zum Vernichtungskampf bereit.

Siehe, da wankte eine Menschengestalt, auf den Schultern ein schweres Kreuz, den Berg herauf. Rote Blutstropfen rieselten unter einer Dornenkrone über ein bleiches Antlitz – es war der Heiland der Welt. Mit einemmal konnte er nicht mehr weiter, die Last drückte zu schwer, er fiel mit dem Kreuz zu Boden.

Von dem Fall erbebte der weite Berg. Ein Rollen durchlief ihn, donnernd barst er. Und aus den Abgründen loderte Feuer und umlohte die Götterburg. Die Mauern von Kristall schmolzen und flossen zischend in die dampfenden Klüfte.

Wodan mit dem Götterheer erhob sich fliehend in die Lüfte.

Nach Jahren kamen Menschen in die Gegend, wo einst der weite Berg mit der Wodansburg gestanden. Sie fanden nichts als Wald und Wald und Hügel, Berg und Tal. Nur ein seltsamer Mauerrest wie aus geschmolzenem und wiedererstarrtem weißen Gestein durchzog, teils über, teils unter der Erde, den Wald in seiner ganzen Länge; die Menschen nannten ihn Pfahl.

In den Lüften aber hört man zuweilen des Nachts ein schreckliches Stürmen, Heulen und Brausen. Wer aufblickt, sieht auf jagenden Rossen ein geisterhaftes Heer. Es ist Wodan mit seinem Gefolge. Man heißt es die wilde Jagd oder das Nachtg'leit. Wer sich zur Erde wirft, das Angesicht dem Boden zugekehrt wie der Heiland, als er mit dem Kreuze fiel, dem kann es nichts anhaben.

Das Geisterwirtshaus

Vor einem Menschenalter war's, da ging der Forkl von Heiliggeist als ein lebenslustiger Bursch vom Weißenstein herunter heim. Als er bei der Buche angelangt war, leuchtete ihm vom Schützenberger-Brechhaus her heller Schein entgegen und eine wirrsüße Musik erklang daraus, wie er sie so leicht nicht gehört. In seiner Neugierde wich er vom Wege ab und trat näher, um zu schauen und zu hören, was da in so später Stunde noch los sei.

Da drinnen herrschte größte Lustbarkeit. Es war eine Gasterei wie auf einer Hochzeit; eine Gruppe tanzte wie der Lump am Stecken; eine andere spielte Karten auf Hautdrein! Durch den Lärm und Gesang der Zecher hindurch erscholl der Schlag des Holzschlegels, mit dem der geschäftige Schenke gerade einen frischen Banzen anzapfte. Der Wirt mit seinem gestickten Schlegelkäpplein und behäbigen Schmerbäuchlein zwinkerte gar fröhlich, ein pausbackiges Mädchen mit faumenden Krügen huschte auf die durstigen Trinker zu, aus der Küche quoll der liebliche Geruch leckerer Speisen und die Musik, die war zauberschön.

Lange blieb der Forkl vor dem Hause stehen und grübelte, was das alles zu bedeuten habe. Es wandelte ihn eine starke Lust an, hineinzugehen und ein wenig mitzumachen. Je länger er aber linste, um so weniger konnte er die Teilnehmer dieser nächtlichen Veranstaltung für richtige Leute halten; nur wußte er selbst nicht recht warum. Während er sich hin und her besann, kamen ein paar flotte Burschen heraus und sprachen ihm eifrig zu, einzutreten. Es hätte nicht viel gefehlt, und der Forkl wäre der dringlichen Einladung gefolgt. Da bemerkte er gerade noch, daß einer dieser Verführer einen Klumpfuß hatte; jetzt wusste er genug; es zog ihn bei allen Haaren fort ... Und nie mehr betrat er zu später Stunde die Gegend.

Otto Liebhaber

Das Geisterwirtshaus

Das Erdweiblein von Grünbach

Auf dem Binzingerhof zu Grünbach am Grünberg, der an der Landstraße von Passau nach Zwiesel liegt, wo es aus dem Grafenauischen ins Regener Gebiet geht, hausten einst die Erdweiblein. Als ihnen die Binzingerleute zum Dank köstliche feuerrote Gewändlein machen ließen, kamen sie nicht wieder. Nur einmal hat man durch Zufall noch ein Bergweibchen gesehen. Das ging so zu: Beim Streueinfahren trat das Pferd, wie es gerade sein wollte, die Tenne durch. Die entstandene Öffnung erregte die Aufmerksamkeit der Binzingerleute. Sie groppten mit der Hand ein wenig nach, ob nicht etwas darin verborgen sei, konnten aber nichts erlangen. Hineinzuschlüpfen hätten sie sich nicht um vieles getraut, da sie besorgt waren, die Unterirdischen zu erzürnen. Als aber die Hansenmirz, eine zwar kleine, doch recht kuraschierte Nachbarin, von dem Vorfall Kenntnis erhielt, schlüpfte sie mit einem geweihten Wachsstock in die Höhlung hinein. Sie kroch in dem Gängelchen unter der Tenne durch bis auf die Gstöcken (Steilhang) zu und entdeckte in der Streuschupfe, die sich an dem Stadel anschloß, den eigentlichen Eingang zur Schrazelhöhle. Das Gängelchen setzte sich auch unter der Streuschupfe noch ein Stück fort und verengte sich dabei, bis ein Erdhäufchen den Ausblick hemmte. Hinter dem Erdaufwurf kauerte ein aschgraues Wichtel, das die Augen gar unheimlich rollte und mit dünner, drohender Stimme rief: „Geh mir nicht nocher! Geh mir nicht nocher!“ Ob dieser unverhofften Begegnung scheuezzte es der Hansenmirz, und als auch noch ihr Licht verlöschte, fand sie es für geraten umzukehren. Das Erdweiblein blieb verschollen wie zuvor.

Otto Liebhaber, gebürtig aus diesem Hause

Der heimliche Gsodschneider

Unser Vater mußte schon als Schulbub Gsod schneiden. Das war für den nicht kräftig gebauten Knaben eine schwere Arbeit, und er hat diese Überanstrengung zeitlebens nicht vergessen. Nun waren wir, seine Kinder, schon groß, und der Vater lag krank im Bett. Er fragte, ob wir für den nächsten Tag schon Gsod geschnitten hätten. Wir waren im Rinderstall mit der Abendfütterung beschäftigt. Vom Stall geht eine Rusel zum Schneidboden hinauf. Da uns das Gsod ausgegangen war, horchte ich hin, ob der Gsodschneider droben sei. Richtig hörte ich das bekannte Geräusch des Schneidstuhls: scht – bum, scht – bum. Ich rief, nach gewohnter Weise die Rusel als Sprachrohr benützend, in die Höhe: „He, Mich (Michel), laß Gsod herab!“ Der oben machte noch einen Schnitt, worauf er aussetzte. Im nächsten Augenblick mußte das Verlangte herunter ruseln. Aber es kam nichts. Da ging ich nachsehen. An der Stiege fiel mir auf, daß droben kein Licht brannte. Es war aber Winter und abends zwischen sieben und acht Uhr, also völlig Nacht, sodaß niemand ohne Licht arbeiten konnte. Oben angelangt, sah und hörte ich niemand. Nun warf ich selbst ein vor dem Schnittstuhle liegendes Häufchen Häcksel hinunter, stieg wieder herab und beendete meine Stallarbeit. In der Stube fragte ich den Mich, ob er an diesem Abend auf dem

Der heimliche Gsodschneider

Schneidboden gewesen sei und Gsod geschnitten habe. Er verneinte es. – Als wir am nächsten Morgen, sobald es hell wurde, Nachschau hielten, lag ein neues Häufchen Häcksel vor dem Stuhle. Es war aber nie Brauch, daß jemand vor dem Schnittstuhl ein Häufchen Gsod hätte liegen lassen.

Kurz darauf starb der Vater. Da wußten wir, daß an jenem Abend und Morgen der Tod Gsod geschnitten hat.

Erzählt in der Familie Liebhaber am Wieshof bei Regen

Der letzte Brand in Grünbach

In welchem Jahr es war, das denkt niemand mehr.

Da entstand beim Hansbauer in Grünbach dadurch, daß bei einem heftigen Gewitter der Blitz in einen Baum hinter dem Stadel einschlug und das Feuer auf diesen übersprang, ein Brand. Die Hausleute waren in der Stube bei geweihtem Licht versammelt und beteten laut. Sie merkten nicht, daß der Wetterstrahl gezündet hatte, aber eine eindringliche Stimme rief mehrmals:

„Laßt das Vieh heraus!" Kein Mensch war vor dem Fenster zu sehen. Die Hansbauernleute unterbrachen ihre Andacht und gingen, im Stall nachzusehen. Jetzt bemerkten sie, daß der rückwärts gelegene Stadel schon lichterloh brannte. Dank der seltsamen Warnung durch die geheimnisvolle Stimme wurden Vieh und Stall und Wohnhaus gerettet.

Otto Liebhaber

Der letzte Veneter im Bayerwalde

Alte Leute erzählen noch manchmal, wie die Veneter das Gebirge von der Donau bis zur Moldau (von Passau bis Eger) durchsuchten. Im Rinchnacher Hochwald tauchte der letzte Venediger um die Mitte des 19. Jahrhunderts – zu meines Großvaters Zeiten – auf.

Niemand wußte, woher er gekommen. Seine Kleidung war ärmlich und seine Kost so kümmerlich, daß ihn niemand beneidete. Und da er sich auch sonst gutmütig und für Almosen dankbar zeigte, ließ man ihn unbehelligt. Auf dem Asberge, zwischen Rinchnach und Zwiesel, richtete er sich notdürftig ein. Er trieb einen Stollen in den Berg, sprengte Felsen und meißelte am Gestein herum. Auf Fragen gab er stets ausweichende Antworten. Es war nicht viel mehr aus ihm herauszubringen, als daß er Hans heiße. Wegen seiner dunklen Haut nannte man ihn nur den schwarzbraunen Hans. Aus seinem Stollen sah man zuweilen Rauch herausziehen.

Die Asberger aber hätten gern erfahren, warum er gerade auf ihrem Grund und Boden nach Gold mutete. Da erzählte er, daß beim Schwammerlsuchen ein zi-tronengelber

„Fleifalter“ von einem großen Felsen auf ihn zugeschwebt sei, sich auf seine Schultern gesetzt habe und dann wieder auf den Felsen zurückgekehrt sei. Das habe sich zweimal wiederholt, und das sei ihm ein Zeichen gewesen.

Fünf Sommer und vier Winter arbeitete er unverdrossen. Er hütete sich aber wohl, über den Erfolg seiner Mühen etwas verlauten zu lassen. Wenn ihm Neugierige mit Fragen lästig fielen, sagte er mit geheimnisvoller Stimme:

„Wenn ihr wüßtet, was ich weiß,
würdet schlagen ihr mit Fleiß.“

Von Zeit zu Zeit war er mehrere Tage fort, man wußte nicht wo. Nach und nach wurden die Behörden aufmerksain, daß in den Tälern des Regen die welsche Praktik der Falschmünzerei blühe. Man zog das minderwertige Geld aus dem Verkehr, aber es wurde nicht weniger. Man schöpfte Verdacht und fahndete nach dem venetischen Goldschläger, doch der hatte sich still davon gemacht. Der schwarzbraune Hans war nie mehr zu sehen.

Nach Otto Liebhaber

Das Bethüttlein des hl. Hirmon

An einem mächtigen Baume in der Gegend von Bischofsmais, der wurzelfaul geworden war, befand sich ein Bildnis des hl. Hermann. Der Stamm wurde gefällt und sollte in die Säge geschafft werden; aber die Ochsen vermochten trotz aller Anstrengung das Bloch nicht vom Platze zu bringen. Im Bach sieht man heute noch die Spuren von Ochsenklauen, wo sich die Tiere beim Ziehen anstemmten. Als alle Versuche vergeblich waren, sägten die Holzarbeiter das Bloch ab und zwar so, daß sie oben beim Kopf und unten bei den Füßen des Heiligen vorbeischnitten. Jetzt hatten sie eigentlich eine Statue desselben, welche sie in ihre Bretterhütte hineinstellen. Später meinten sie, sie müßten dem Bilde eine schönere Stätte bauen. Es blieb aber nicht dort und kehrte an den alten Platz zurück. Nun bauten sie eine große Kapelle, wo man auch hätte predigen können. Das Bild blieb aber auch da drinnen nicht. Am anderen Tage fand man es wieder im alten Hüttlein, wo es noch heute steht.

Erzählt in der Familie Liebhaber in Wieshof bei Regen

Der Roßkäfer

Ein Maiser Bub mußte seinem Vater, der auf dem Schlehberg Stöcke reutete, die Brotzeit bringen. Der Vater zeigte ihm die Brombeeren, die dort wuchsen. Der Bub, der noch keine Brombeeren kannte, fragte fürsichtig: „Voda, die wechan hand die zeitigen?" „Die schwarzen!" „Deaf ma die routn aa essn?" „Na, die routn hand no grean." Weil sich der Bub über diese Antwort nicht ganz klar war, kostete er selbst und fand, daß nur die großen schwarzen, die so schön glänzten, süß waren; aber die reifsten fielen bei leisester Berührung unter die Staude. Als der eine Strauch geleert war, bückte sich der junge Maiser und fischte die Heruntergefallenen aus dem Gestrüpp. Eines der schwarzen, kugeligen Dinger am Boden war besonders groß und glänzend, und obwohl es ein wenig merkwürdig aussah, schob es der Schlecker wie die andern in den Mund. Er machte aber bald ein hantiges Gesicht, denn das Ding war nicht süß und sträubte sich kratzend im Halse. Nachdenklich stand der Bub vor der Brombeerstaude, dann wandte er sich zum Vater. „Voda", fragte er, „ham die Browa Füaß aa?" „Dalketer Bua, wie kimst af a sechene Frag?" „A so halt!" Und er machte sich schweigend an eine neue Brombeerstaude.

Otto Liebhaber

Der Fischer am Arbersee

Der Fischer klimmt wohl den Arber hinan,
er klimmt wohl hinauf zum See,
zum See, umgürtet mit Fels und Tann
und kühler als Nordlands Schnee.

Er birgt sich tückisch im Uferrohr
und wirft die Schnur in die Well';
bald reißt er ein zappelndes Fischlein empor:
„Ei, grüß dich, du blanker Gesell!"

Das Fischlein, o Wunder! tut auf den Mund
und redet mit schlauem Sinn:
„Erbarmen! Es spielt sich so lustig im Grund;
was bringt dir mein Sterben Gewinn?

Du weißt, es schwimmen viel Fischlein hold
tiefunten – tief angle hinein –,
die prangen mit Schuppen von purem Gold,
ihr Auge ist Edelgestein.

Sie schlafen des Nachts im korallenen Bett,
von Perlen erbaut ist ihr Haus.
Wer solch ein Fischlein gefangen hätt',
der lachte wohl Könige aus." –

„Ho!" sprach der Fischer, „fort, ärmlicher Wicht,
nur flugs in die Pfütze hinein;
du sättigst den hungrigen Magen mir nicht,
mich lüstet's nach Edelgestein!"

Und neiget sich vor und neiget sich sehr,
will langen bis tief in den Schlund;
da wird ihm das gierige Herz zu schwer,
er stürzt – und sinkt zu Grund.

Drob freute das listige Fischlein sich fast,
rief seine Gespielen all!
Die kamen von Nord und von Süden zu Gast –
sie kamen zum Leichenmahl.

Adalbert Müller, Aus „Der Bayerische Wald"

Das Mirakel

Vom Mühlhiasl und seinen Prophezeiungen weiß jeder, der im Bayrischen Wald daheim ist. Er hat um die Zeit vor 150 Jahren gelebt. Was er auf weit in die Zukunft voraussagte, ist bis heute zum größten Teil schon eingetroffen: „Die erste Zeit" und „Der große Krieg", aber eine letzte Prophezeiung steht noch aus.

Wer hätte zu seiner Zeit alles geglaubt, was ein Mühlhiasl für hundert und noch mehr Jahre voraussah und noch dazu nicht mit gewöhnlicher Rede, sondern in nachdenklicher Bildersprache kundgab!

Weil viele Leute seine Vorschau in so weite Ferne in den Wind schlugen, prophezeite er ihnen, daß sie nach seinem Tod ein Mirakel sehen würden.

Das Zeichen ist wirklich geschehen. Meine Urgroßmutter hat es selbst gesehen. Meine Urgroßmutter ist 90 Jahre alt geworden. Als sie es erzählte, war ich ein Schulbub zu Innerried; jetzt bin ich 76.

Mit 18 Jahren ging sie im Leichenzug, der den Wagen mit dem geschlossenen Sarg des Mühlhiasl nach dem Freithof in Zwiesel geleitete. Als der Wagen auf der Regenbrücke zwischen Theresienthal und Zwiesel fuhr, tat es plötzlich einen Rumpler. Der Sarg stürzte vom Wagen auf die Erde, sprang auf, und der Tote kollerte heraus.

Meine Urgroßmutter hat es selbst gesehen. Seitdem haben sich die Leute im Bayrischen Wald die Prophezeiungen gut gemerkt. Die letzte, „Das große Abräumen", muß noch in Erfüllung gehen.

Johann Weiß

Das Mirakel

Hinter die Schule gesessen

Der alte Weiß Hans war einst der Weiß Hansl von acht Jahren und ging von Innenried nach Zwiesel in die Schule. Da kam ihm auf dem Wege der Schwarz Alis in die Quere und sagte: „Geh mit mir!“ Der Alis aber ging schon in die Feiertagsschule und war werktags lieber im Wald als zu Hause.

Der Hansl mit dem Schulsack auf dem Rücken folgte ihm. Sie kamen im Wald an eine Stelle, wo sich der Alis im Moos ein gutes Lager gemacht hatte. Aber nun waren ihrer zwei, und es mußte am Rand des Hochholzes zwischen Jungfichten eine richtige Hütte gebaut werden aus schönen grünen Taxen. Das bräuchte Zeit, und der Weiß Hansl, der dazu nötig war, dachte auch an den folgenden Tagen nicht mehr an seine Schulbank in Zwiesel. Kein Regen durfte durchs Dach tropfen, ein Ofen aus Steinen und Lehm mußte gesetzt werden, damit man Erdäpfel und Milchbratlinge braten konnte, 2 Sitze und ein Tisch aus Erde und Moos waren zu bauen und Erdbeeren zu holen, die der Alis überall wußte. Ein Steinpilz steckte neugierig den Kopf durchs Moos, als sie vorübergingen, die Waldvöglein sangen ihnen nach, ein Rehlein lachte sie an und selbst der Holzfuchs bellte freundlich. Es gab so viel zu tun, zu sehen und zu hören, daß Woche um Woche verstrich, ohne daß der Weiß Hansl auch nur einen Tag Zeit gefunden hätte, seinen Schulgang bis nach Zwiesel auszudehnen.

Zuletzt schrieb der „kleine“ Lehrer in Zwiesel den kleinen Johann Weiß auf die Schulsitzung.

Sein Vater kam und war nicht wenig erstaunt, als er vernahm, daß sein Bub, den er jeden Tag mit dem Schulsack fortgeschickt hatte und der mittags mehr oder weniger pünktlich wieder heimkam, ein volles Vierteljahr hinter der Schule gesessen war.

Als er von der Schulsitzung nach Hause kam, sagte er nichts zum Buben. Aber ram nächsten Morgen, als sein Hansl den Schulsack wieder auf dem Rücken hatte, stand er mit dem Strick da, mit dem er jährlich einmal ein Schweinlein zum Metzger trieb, band ihn gut um den Fuß des Bürschleins und weiste dieses, wie man ein Schweinlein treibt, in die Schule. Die Leute auf der Straße zu Innenried schmunzelten, die in Zwiesel machten große Augen, die Schulbuben und -mädel liefen zuhauf nebenher, und wenn der Hansl mit dem Fuß zornig hinten ausschlenkerte, gab ihm der Vater eins hinauf mit der Gerte.

Der „kleine“ Lehrer in Zwiesel hatte Mühe, ein ernstes Gesicht zu machen, als der ganze Schwarm mit dem Hansl am Strick in die Schulstube drang.

Der Weiß Hansl ist nie wieder hinter die Schule gesessen.

In den oberen Wald

Des Gotteshauses Metten Ursprung

In alter Zeit setzte ein Einsiedler den Fuß in den Bayerischen Urwald zur Linken der Donau. Drin hausten heidnische Germanen, die den Bären und Auerochsen jagten.

Wie er so durch das Waldesdunkel schritt, sprang an einer Stelle, die sein Wanderstab berührte, ein Brünnlein aus der Erde. Das nahm der Gottesmann für ein Zeichen, legte den Stab zur Seite, ergriff die Axt und fällte Stämme zu einer frommen Hütte.

Und als die Hütte dastand, kam mancher wilde Waldmensch ans Brünnlein und ließ sich von dem Siedelmann taufen.

Um auch Brot bauen zu können, schlug der Einsiedler noch weiter Baum für Baum um. Als er einst wieder fleißig die Axt führte, schüttete der Himmel hellen Sonnenschein in die Waldlücke und ein Sonnenstrahl spannte sich golden in den Schatten einer Eiche hinein. Müde hielt der Gottesmann in der Arbeit inne und hing die Axt – oh Wunder! – an dem goldnen Sonnenstrahl unter der Eiche wie an einem schimmernden Golddraht auf. Und er legte sich ins weiche Moos und schlief.

Indem er schlief, drang ein Jäger in den Urwald. Er geriet an die Waldblöße, fand den schlafenden Siedelmann und sah staunend die Axt, die wundersam am luftigen Sonnenstrahl hing.

Da erwachte der Schläfer, stand auf, ging ruhig dem Jäger entgegen und sprach ehrerbietig: „Seid gegrüßt, Kaiser Karl!“

„Wo habt Ihr mich schon gesehen, heiliger Mann?“ fragte der Jäger.

„Ich habe Euch noch nie gesehen,“ erwiderte der Einsiedler: „Doch warum nennt Ihr mich niederen Gottesdiener einen heiligen Mann?“

„Die Axt dort,“ sprach der Jäger, „die der Sonnenstrahl in Ehrfurcht trägt, kündet mir, daß Gott Euch in diese Gegend schickte als eine lebendige Axt, das Heidentum zu fällen.“

„O Kaiser Karl,“ bat nun demütig der Einsiedler, „ich bin nur eine einzige schwache Axt in der Hand des Herrn; bauet ein Gotteshaus und ein Kloster in dieser Gegend, auf daß der Äxte viele seien, den Urwald des Heidentums zu roden!“

Der Jäger sah auf den Gottesmann und auf die blinkende Axt am Sonnenstrahl, dann entgegnete er: „Wo will der Herr, daß Gotteshaus und Kloster errichtet werden?“

Da schritt der Einsiedler unter den Eichbaum, ergriff die Axt, die noch am Sonnenstrahl hing, warf sie in die Luft und sagte: „Wo sie niederfällt, da baut!“

Und die Axt schwebte, wie von unsichtbarer Hand getragen, langsam in den Lüften fort, weiter und weiter. Da, wo jetzt Gotteshaus und Kloster Metten stehen, fiel sie zu Boden.

Und der beide gebaut hat, Gotteshaus und Kloster, ist für alle Zeiten Karl der Große genannt ,und der als erster Abt ins Kloster einzog, war der fromme Siedelmann. Er hieß Uto. Bei dem Brünnlein, wo er die fromme Hütte errichtet hatte, ist das Dörflein Utobrunn entstanden.

Nach Rudolf Birkner

Des Gotteshauses Metten Ursprung

Peter Egger von Egg

Nicht weit von Metten steht die Burg Egg. Peter Egger von Egg war Feldhauptmann des Kaisers Ludwig des Bayern. Er hatte in des Kaisers Namen das Land an der Donau und den Bayerischen Wald gegen den Böhmen zu schüzen.

Aber Eggers Sohn war mit einer Böhmin vermählt, und als der böhmische Feind ins Land fiel, gab es Verzweiflung und Tränen auf der Burg. Im feindlichen Heer ritten Vater und Bruder der Böhmin.

„Ehe du dein Schwert in das Blut meines Vaters oder Bruders tauchst, stoß es mir selber in die Brust!" rief die böhmische Frau.

Der junge Egger zog auf dem „Bayernweg" gegen den Feind. An des alten Vaters Statt führte er die Schar der bayerischen Streiter. Bei Furth kam es zum Kampf. Wo das Kampfgedränge am heftigsten war, begegnet ihm mit einem Mal auf schnaubendem Rosse der blutjunge Bruder seiner Frau. „Zurück!" ruft ihm der Egger entgegen. Aber der junge Böhme ist eigensinnig und sprengt an. Hätte der Egger gegen ihn die Lanze eingelegt, so wäre ihm der Verwegene mitten ins spitzige Eisen gerannt. Aber der Egger dachte der Tränen seines Weibes und riß sein Roß zur Seite, dem jungen Hitzkopft auszuweichen. Doch der gab sich nicht zufrieden und wandte sich trotzig von neuem gegen den Egger. Da ließ dieser in Verwirrung und sträflicher Schonung seinem Roß freien Lauf, und das erschreckte Tier jagte schmachvoll aus dem Kampffeld „Der Egger flieht!" frohlockten die Böhmen; die Bayern starrten ihrem Führer nach – sie wurden geschlagen. Schon am andern Tag schrie die Schande laut ans Ohr des alten Eggers von Egg. „Der Egger ist geflohen!" Der Alte rief in Scham und Schmerz zu Straubing das Gericht gegen den Sohn zusammen. Mit weißem Haar und weißem Bart saß er bleich an der Spitze der Richter. Die hatten Mitleid mit ihm; er aber, des Kaisers Feldhauptmann, verurteilte mit unbeugsamer Strenge den eigenen Sohn zum Tode. Vor seinen Augen schlug der Henker dem jungen Egger das Haupt ab.

Peter Egger von Egg. Er hatte in Kaisers Namen das Land gegen den Feind zu schirmen und zu schützen.

Finsinger Stückl

Es begab sich, daß die Finsinger Not an Wasser litten. Sie beschlossen deshalb, einen 16 Klafter tiefen Brunnen zu graben, auf daß sie für alle künftigen Zeiten genugsam mit Wasser versorget seien. Sie huben also an zu graben, und als sie schon ein schönes Stück unten in der Erde waren und gutes Wasser in Menge spürten, gingen sie daran, die Tiefe des Brunnens nach Klaftern zu messen. Da aber nirgends im Dorfe ein Klaftermaß aufzutreiben war, entstand große Besorgnis unter den Finsingern und es kamen viele mit wohlgemeinten Ratschlägen, so alle für nichts nutz waren. Da standen denn die wackeren Finsinger kopfschüttelnd und ratlos am Brunnenrand, und wehmütigen Blickes schauten sie hinunter ins klare Wässerlein. Es war schon gen Abend, da endlich die Erleuchtung über einen der Männer kam, und er hub an zu sprechen also: „Was sind wir alle mitsamen für Dalken! Stehen nun schon etliche Stunden allhier und schauen und gaffen und müssen schließlich noch bis ans Ende der Welt an diesem Brunnenloch ausharren. Doch freut euch, Brüder! Ich hab's: Zwerch über den Brunnen legen wir einen festen Tremmel oder Prügel. An ihn hänget sich ein Mann mit beiden Händen. Ein zweiter aber hanget sich an dessen Füße, an des zweiten Füße aber ein dritter und sofort, bis der letzte der Männer den Spiegel des Wassers berühret. Man kann auf diese Art die Tiefe des Brunnens leicht bemessen, indem nämlich ein Mann etwa ein Klafter misset." Die Finsinger wunderten sich über die Weisheit ihres Mitbürgers und sie taten, wie er gesagt hatte. Als nun schon ihrer neun in dem Brunnen, hingen, wurde dem obersten die Last fast zu schwer und er sprach: „Laßt mich mit Verlaub in die Hände spietzen, ansonsten ich euch nimmer tragen kann!" Und er ließ seine Hände los und siehe da, alsogleich stürzten alle neune hinunter in den Brunnen, und es entstand ein großes Wehklagen unter den Finsingern. Aber es gelang den Mitbürgern, ihre im Brunnen liegenden Freunde glücklich zu retten. Die Finsinger aber haben bis heute noch kein Klaftermaß aufgetrieben und darum auch den Brunnen noch nicht vollendet, und wer nach Finsing kommt, dem ist nicht zu raten, nach dem berühmten Brunnen zu fragen oder ihn in Augenschein nehmen zu wollen.

Max Peinkofer

Das Marienbild auf dem Bogenberg

Zur Zeit, als Graf Aswins Schloß auf dem Bogenberg stand, begab es sich, daß ein Marienbild aus Stein in der Donau aufwärts schwamm und auf einem Felsen inmitten des Stromes liegen blieb. Leute sahen das Wunder und berichteten es dem Grafen. Der eilte vom Schloß herab, das Bildnis selbst zu schauen. Und er schickte zu dem Abt des Klosters Oberalteich. Ehrfürchtig holte dieser das Marienbild von dem Felsen ans Ufer, und man trug es in feierlichem Zug in die Kapelle auf das Schloß, Mönche schritten voran, und der Graf und das Volk folgten.

Das geschah vor mehr als 800 Jahren.

Die Schloßkapelle blieb von dieser Stund an jedem Beter offen. Es kamen ihrer immer mehr zu dem Bild, die Maria um Hilfe anriefen und wunderbar Erhörung fanden. Da baute sich Graf Aswin eine neue Burg und schenkte das alte Schloß den Mönchen, daß sie eine Wallfahrt errichteten. Und das steinerne Bild wurde im Laufe der Zeit so hoch verehrt, daß alljährlich aus mehr als hundert Ortschaften an der Donau und im Bayerischen Wald Pilgerzüge erschienen; an heiligen Tagen weilten bei Unserer Lieben Frau auf dem Bogenberg viele tausend Wallfahrer.

Der Felsen in der Donau aber, auf dem das Bild gefunden worden, heißt für alle Zeit der Frauenstein.

Nach Ludolf Silvanus

Finsinger Stückl

Der Abt Veit Höser

Im 30jährigen Kriege flohen die Mönche von Oberalteich in alle Winde. Die Schweden verwandelten das Kloster in ein Sauf- und Sündenhaus und die Kirche in einen Pferdestall.

Der Abt Veit Höser hielt sich in einem nahen Schlupfwinkel des Bayerischen Waldes verborgen. Da trieb ihn die Sehnsucht nachzusehen, wie es seinem geliebten Kloster ergehe. Er verkleidete sich in einen Bauern, band ein Schweinlein an einen Strick, trieb es vor sich her und gelangte nach Oberalteich.

Als er ans Klostertor kam, sprengten zwei schwedische Reiter heraus, die nach Straubing mußten. Denen stach das Schweinlein in die Augen. Weil sie es aber für sich allein haben wollten, zwangen sie den vermeintlichen Bauern, das Tier am Kloster vorbei vor ihnen her nach Straubing zu treiben.

Das war unserm Schweinetreiber doppelt unlieb, denn er fürchtete nun Leute zu treffen, die ihn kannten und ungewollt verraten würden. Aber es half nichts: der Abt trieb das Schweinlein und die Reiter trieben den Abt.

Als dieser in Straubing mit dem Schweinlein über die Donaubrücke traben mußte, begegnete ihm auch schon ein guter Bekannter, der Metzger Hans Klaus. Der sah gleich, wer der Schweinetreiber war, doch er kannte sich aus.

Er wandte sich gemütlich den Reitern zu und sagte: „Ihr Herrn, das Schweinlein will ich Euch gerne schlachten und braten und einen guten Trunk dazu beisteuern!“

„Blitz und Dunner!“ sprach der eine Schwede zum andern, „ein Schlachter für den Schwein und gutes Trink!“ Der andere nickte einverstanden.

Hans nahm dem Bauern den Strick aus der Hand und dieser machte sich aus dem Staube.

Klaus trieb das Schweinlein in sein Haus, schlachtete es und briet es und brachte zu trinken. Die Schweden aßen – und Hans Klaus kam nicht zu kurz dabei.

Nach Ludolf Silvanus

Der selige Englmar

Der Graf von Bogen schätzte einen frommen Einsiedler mit Namen Englmar hoch. Er war ihm so zugetan, daß er ihm weit fort in den Bergwald einen starken Knecht mitgab. der ihm Bäume umhauen und eine Klause bauen half. Und wenn beiden das Brot ausging, durfte der Siedelmann nach dem Schlosse des Grafen schicken.

Aber der Weg um das Brot war weit und den Knecht verdroß die Mühe. Auch ergrimmte es ihn, daß der Klausner so viel betete und fastete und einen harten Felsen als Bett wählte, denn: Ist der Herr streng gegen sich selbst , so schickt sich auch für den Diener kein Wohlleben.

Der Knecht kam so in Groll, daß ihm der Teufel einblies, seinen Herrn aus dem Wege zu räumen.

Englmar sah dem Diener in die arge Seele. Es war Winter. Der Gottesmann kniete nieder und betete lange. Dann stand er auf, trat zu dem Knecht und sprach: „Ich weiß, daß du mich erschlagen wirst; ich bin bereit. Christus ist mein Helfer."

Als sich der Knecht so erkannt sah, erfaßten ihn Trotz und Zorn; er nahm die Axt und traf das Haupt des frommen Mannes, daß dieser tot hinsank. Die blutige Leiche verscharrte der Mörder in den Schnee und bedeckte sie mit Reisig. Dann machte er sich auf die Flucht.

Fast ein halbes Jahr verging. Da kam ein Priester in die Wildnis des Bayerwaldes und schaute nach, warum Englmar seinen Knecht nicht mehr um Brot schickte. Er fand die leere Klause. Als er aber des Nachts vor derselben im Moose ruhte, sah er ein liebliches, strahlendes Wunder. Engel mit Lichtern schwebten in langem Zug vom Himmel herab auf den Wald und sangen; sie erhoben sich singend wieder und gingen immerzu zwischen Himmel und Wald auf und nieder. Das war so schön, daß dem Priester vor Freude das Herz zitterte. Und er stand auf und schritt an die Stelle, wo der leuchtende Engelszug die Erde berührte; Reisig und Schnee vom Winter lagen an der Stelle.

Der Priester räumte beides weg: Siehe, da kam unverwest und wie lebend die Leiche des erschlagenen Englmar zum Vorschein. Voll Bestürzung und voll Ehrfurcht machte sich der Priester auf, die Kunde dem Grafen von Bogen zu bringen. Der erschien und erkannte den frommen Siedelmann. Und weit und breit vernahm man, was geschehen war, und Kranke wallfahrteten zu dem unverwesten Leibe und wurden gesund.

Mit einem langen Zug von Priestern begab sich der Graf von Bogen wieder an den Ort. Der Leichnam wurde auf einen Wagen gelegt, den zogen zwei Öchslein vom Berg herab durch Wald und Wildnis zu Tal. Im Tal blieben die Öchslein stehen und waren seltsamerweise nicht mehr weiter zu bringen. Das nahmen der Graf und die Priester für ein Zeichen, und sie begruben den Erschlagenen an Ort und Stelle. Und über dem Grabe erbauten sie ein Kirchlein.

Das geschah in alter Zeit. Aber noch heute wallfahren Leute von nah und fern zum Grabe des seligen Englmar.

Nach Ludolf Silvanus

Die Kirche auf dem Gallner

In alter Zeit, als in Deutschland durch verheerende Krankheiten und Kriegswirren große Not herrschte, war die Kirche auf dem Gallner so verwahrlost, daß sie als Schafstall verwendet wurde. Nun diente beim Gallnerbauern zu dieser Zeit ein Hirtenknabe, der sehr frommen Sinnes war. Diesem tat es weh, daß das uralte Gotteshaus so erniedrigt wurde.

Als er die Schafe wieder einmal in die leere Kirche trieb, hörte er vorne, wo der Altar gestanden, eine Stimme: „Geh nach Rom!" Der Knabe verließ den Gallnerbauern und pilgerte in die ewige Stadt. Ein Mönch sah ihn in einer großen Kirche andächtig beten. Da nahm er den Beter mit sich und führte ihn in ein Haus, in welchem fremde Knaben zu Priestern erzogen wurden. Der Hirtenknabe ward ein Priester, stieg empor bis zum Kardinal und mußte zuletzt als Papst Sixtus das Schifflein Petri lenken.

Zur selben Zeit erging von Rom eine Anfrage an den Bischof von Regensburg, wie es mit der Kirche auf dem Gallner stehe. Da wurde diese würdig wiederhergestellt, und als Papst Sixtus nach seinem Tode heiliggesprochen wurde, ward ihm die Gallner Kirche als ihrem Schutzheiligen geweiht. Seine Statue steht auf dem Hochaltar.

Nach Theodor Guggeis

Der Hexentanzplatz

Ein Bauernbursche von Landorf ging einst in der Nacht während der Geisterstunde von einer Tanzmusik nach Hause. Als er bei der Einöde Pielhof zu einer sog. „Bilmesbirke", das ist eine Birke mit nach Art der Trauerweiden herabhängenden Ästen, kam, erblickte er plötzlich ein hellerleuchtetes Gasthaus. Eine flotte Tanzmusik scholl ihm aus demselben entgegen. Der Bursche ging hinein und sah einen Saal tanzender Paare, von denen er jedoch niemand erkannte. Er machte einen Tanz mit, aber wie auf einen Zauberschlag war alles verschwunden. Der Bursche stand wieder unter der einsamen Birke. Von Grauen geschüttelt, eilte er nach Hause. Unter jener Birke war der Hexentanzplatz.

Theodor Guggeis

Das Spukweiblein

Vor etwa eineinhalb Jahrhunderten kam nachts nach dem Gebetläuten zu der Füchslbäuerin in Ichendorf ein kleines, ganz zusammengeschrumpftes Weiblein, welches leise wimmernd vor einem Fenster stehen blieb und mit geisterhaften Augen in die Stube blickte. Da das Weiblein öfter kam, fragte die Bäuerin nach seinem Begehren. Es erzählte weinend, daß im Kellerholz an der Straße nach Konzell an einer bestimmten Stelle eine Schüssel voll Geld vergraben sei und daß die Bäuerin die Gnade habe, dieses Geld heben zu können. Sie brauche bloß an Mariä Himmelfahrt in der Nacht an die Stelle zu gehen, einen Kreis zu ziehen, und das Geld werde zum Vorschein kommen. Die Bäuerin getraute sich jedoch nicht hinzugehen. Da kam das spukhafte Weiblein wieder und klagte schluchzend, daß es jetzt noch solange leiden müsse, bis auf der Stelle, wo das Geld liege, ein Baum wachse, aus dem Baum müßten Bretter geschnitten und aus den Brettern eine Wiege gemacht werden, und eine Frau, die aus dieser Wiege stamme, sei erst wieder imstande, es zu erlösen. Und das Weiblein ging fort und kam nicht mehr an das Fenster.

Theodor Guggeis

Vom wilden Gejaid

In Emmersdorf bei Stallwang lebte vor langer Zeit ein Bauer Namens Engel. Dieser ging in einer finsteren Nacht von Straubing nach Hause. Da hörte er plötzlich das wilde Gejaid über sich in den Lüften. Schnell warf er sich mit dem Gesichte auf den Boden, damit es ihn nicht mitnehmen könnte. Er wurde jedoch erfaßt, in die Lüfte getragen und bis in die ferne Türkei geschleppt, wo er niedergelassen wurde. Fünf Jahre dauerte es, bis der Bauer wieder in seine Heimat kam.

Theodor Guggeis

Der Tod der Hexe

Der Tod der Hexe

In Landorf, einem Dorfe des oberen bayerischen Waldes, lebte vor etwa drei Lebensaltern eine alte Austräglerin, die im Geruche einer Hexe stand. Als es bei ihr zum Sterben ging, holte man den Geistlichen, sie aber wies ihn zurück und verschied. In der Nacht, beim sog. „Leichtwachten“, bei dem sich von jedem Haus des Dorfes eine Person zum Beten einfindet, brüllte plötzlich das Vieh im Stalle in schrecklichen Tönen. Als man nachsah, war alles still und ruhig. In der zweiten Nacht hörte man auf einmal im Haus ein furchtbares Gepolter, als würden in der Kammer alle Schuhe und im Keller alle Runkelrüben mit großer Gewalt umhergeworfen. Beim Nachsehen herrschte völlige Ruhe. Nur die Milchbrücke war umgestürzt. Zur Beerdigung wurde die Tote nach Stallwang getragen. Die Truhe war anfangs so schwer, daß man sie kaum heben konnte. Halbwegs bei der sog. Lehmgrube flogen 3 Raben daher und setzten sich auf den Sarg. Als sie wieder wegflogen, fühlten die Träger ihre Last so leicht, als trügen sie nur mehr die leere Truhe.

Theodor Guggeis

Die zwei Schreinerbuben

Vor langer Zeit lebten in Loitzendorf 2 Schreinersbuben, denen ihre Schwester den Haushalt führte. Das Schreinerhandwerk machte ihnen keine besondere Freude. Da fiel ihnen ein sog. „Schwarzbuch“ in die Hände, welches allerlei Anweisungen für Hexenmeister enthielt. Einer der beiden machte sich einen kleinen Schemel aus neunerlei Holz. Diesen nahm er in der Christnacht mit in die Kirche und kniete sich darauf. Er konnte nun alle Hexen sehen, welche in der Kirche waren, weil jede bei der Wandlung das Gesicht rückwärts drehte. Es waren deren eine große Zahl, aber er mußte schleunigst davon, da die Hexen zurückrasten und ihn mit Steinen bewarfen. Der Hagel hörte erst auf, als er mit seinem Schemel das Schreinerhaus erreicht hatte.

Theodor Guggeis

Die Drud

(Oberwäldlerisch)

Do is a Dian gwön. Dö hot´s af d' Nacht no da Suppen recht umanana triem. Von oan Fensta is zon anan ganga und hot aßö gschat. – Jatz hot s' da Bar gfrogt, wos s hot. – Sogt s': Soit ö no ö's Drugga gäh und hot a so a schlechts Wöda! – No, hot da Bar gsogt, ka ma da denn do nöt höifa? – O jo, hot s' gsogt, wenn ö daa schwoaz Ros drugga deaft, no waa ma ghoifa! – Da Bar hot dö Dian guat län kina, wa s' bo da Oawat a richtös Lät gwön is und hot eahm wäda nix denkt und hot gsogt: Vo mir as!

An anan Tog is' Ros touda ön Stoi daßt glöng.

Otto Liebhaber

Im Regengebirge

Der Silberberg von Bodenmais

Im Wald bei Bodenmais war einmal eine arme Familie. Ihr Ernährer hatte beim Fällen der Riesentannen auf dem nahen Arber sein Leben lassen müssen; die Mutter kränkelte und war außerstande, die Kinder zu ernähren. Es läßt sich denken, daß unter solanen Umständen Schmalhans und Frau Sorge das Häuschen der Ärmsten gar zu ihrem ständigen Quartier gemacht hatten. Das Schlimmste aber war, daß der Holzhauer, da er noch lebte, zur Erneuerung seiner Hütte ein Darlehen bei einem benachbarten Bauern aufgenommen hatte und eben dieser, ein arger Geizhals, nun drängte. weil die Wucherzinsen ausblieben. Es bestand sogar Gefahr, daß die arme Familie auch noch ihr Heim verliere. Nun ging solches dem älteren Buben der Witwe, der den Ernst der Lage schier begriff, gar sehr zu Herzen. Er sann hin und her, wie er etwa Geld verdienen möchte; doch die notwendige Summe war so bedeutend, daß ihm bei dem bloßen Gedanken daran fast schwindlig wurde.

In seiner großen Betrübnis fiel ihm endlich die Sage von der guten Fee im Silberberge ein, von der er seinen Vater so oft hatte erzählen hören. Wenn er von der Trift, wo er die einzige Kuh des Hauses hütete, hinübersah zu dem seltsam geformten Berge, schien's ihm, als ob er freundlich winke. Da überließ er denn eines Morgens kurz entschlossen das Hütegeschäft seinen jüngeren Geschwi-stern und machte sich auf, bei der guten Fee des Silberbergs Hilfe zu suchen.

An den Fuß des Berges war er freilich schon nach kurzem Wandern gelangt, auch begann er herzhaft den Aufstieg; nun jedoch bedrohte ihn Widerwärtigkeit um Widerwärtigkeit. Man muß nämlich wissen, daß die Silberfee, um nicht von solchen, die bloße Habsucht trieb, überlaufen zu werden, in ihrem Bereiche gar grimme Wächter bestellt hatte, Zudringliche abzuschrecken. Da war ein Rudel großer Wölfe, die jedem Kommenden mit blutrotem Rachen entgegensprangen, da war eine Bärensippe im Felsicht und zuletzt in einer jachen Schlucht ein Drache, scheußlich und feuerschnaubend.

Das Büblein war kaum über den Fuß des Feenberges hinaufgekommen, als ihm schon die Wölfe entgegensprangen. Dies deuchte ihm freilich nur zufällige Ungelegenheit zu sein; er vertraute auf Gott und flüsterte Stoßgebetlein. Schau, die Untiere wichen zurück und ließen ihn weiter unbelästigt. Unverdrossen stieg das Büblein darum fürder, ja spähte schon aus, ob ihm nicht bald die gute Fee erscheinen möchte. Doch nein, er geriet ins Gehege der Bären, die aufgeregt und brummend ihn zu überfallen drohten. Da erbleichte das Büblein und schrie jämmerlich ein Stoßgebetlein ums andere. Der Knabe staunte, als sich die Bären sogleich verkrochen. Es schien ihm, als ob die wilden Tiere nur ungestüme Hofhunde der Gebieterin des Berges wären. Ein Vogel flog indessen zwitschernd von Baum zu Baum, als wollte er den Weg weisen. Mutig klomm das Büblein weiter. Immer beschwerlicher ward der Felsenberg. Endlich tat sich eine Schlucht zwischen zwei steinernen Häuptern auf.

Einen solch grimmigen Wächter hatte der Knabe bei der guten Fee aber nicht erwartet, wie der war, den er jetzt in der Schlucht erschaute. Da lag der greuliche Drache. Scheußlich regten sich die Ringe seines Schlangenleibes, bösartig funkelten seine Augen, und als das Untier sein Maul auftat, schlug brennender Atem heraus. In ohnmächtiger Angst sank das Büblein in die Knie, Gott und alle Heiligen und die gute Fee zugleich anrufend. Nicht umsonst; denn sofort trippelte ein eisgrau Bergmännlein einher, wies den Drachen mit einem Winke in seinen Schlupfwinkel zurück und winkte gar freundlich.

Wahrhaftig, das Büblein war bis in das Reich der Silberfee vorgedrungen. Wie's zuging, daß es plötzlich in einem Garten stand, das wußte es gar nicht. Der Garten war aber gar merkwürdig: Gras und Blumen, Büsche und Bäume glitzerten in strahlendem Weiß, wie etwa der heimische Tannenwald, wenn Rauhreif jeglich Zweiglein umstrickt und plötzlich die Sonne dreinscheint. Im Garten der Silberfee waren eben alle Gewächse aufs feinste aus edelstem Silber gebildet. Doch das führende Altchen ließ keine Zeit zum Schauen und Staunen; durch Hallen, über Stufen ging's abwärts, und plötzlich tat sich ein lichter Saal auf, weit und hoch wie eine Kirche und ganz aus blankstem Silber errichtet. Das gleißte, daß sich der arme Waldbub die Augen rieb. Aber dann schlug eine gar melodische Stimme an sein Ohr, die Silberfee stand vor ihm in unbegreiflicher Schönheit.

„Du hast dich wacker gehalten, Büblein!" sagte die Herrliche. „Ich weiß schon um deine Not. Hier wähle dir eine Stange des reinsten Silbers, wie du meinst sie brauchen und tragen zu können!" Damit führte die Gütige den Buben an einen Tisch, worauf große und kleine Silberbarren aufgeschichtet lagen. Aber das Büblein sagte ganz zutraulich: „Naa, guade Fee, 's Muatterl brauchat sched a Geld. Mit a sölern Stanga kinna mir ja 's Häusel nöt auslösn!"

„Aber mein Büblein," entgegnete die Fee lächelnd, „weißt du denn nicht, daß man für pures Metall Münzen eintauschen kann? Nimm und geh damit zu dem klugen Goldschmied in Passau, der weiß das Erz aus dem Silberberge wohl zu schätzen und wird dir's sehr gut bezahlen."

Da wählte sich der Bube eine Stange so groß und schwer, wie er sie eben tragen konnte.

„O liabe Fee, ih bi no nia z' Passau gwest und ich kenn aa koan Weg und Steg!" sagte dann der junge Wäldler.

Sogleich führte ihn die Silberfee auf die höchste Felskuppe des Berges und wies ihm die Richtung. „Siehst du", sprach sie, „dort das blitzende Streiflein im dunklen Wald? Das ist der noch kleien Waldstrom. Darüber hin kannst du eine Reihe von Berggipfeln sehen. Dort ist der Rachel und dicht daneben mit kahlem Haupte der Lusen. Geh' immer dem Aufgang der Sonne entgegen und du gelangst zu den Bergen! Dort aber fließen in Menge rauschende Bächlein gen Mittag. Folge dem erstbesten, so wirst du

Der Silberberg von Bodenmais

ans Ziel kommen! Denn all' die Bergwasser eilen zusammen, die dunkle Ilz zu bilden, die aber führt dich sicherlich zu der Bischofsstadt."

Das Büblein hatte helle Augen und ersah alles deutlich. Mit einem „Tausendmal Vergeltsgott!" machte es sich auf die wohlgewiesene Fahrt.

Indessen lag sein Mütterlein in tausend Ängsten und doppelt siech zu Hause. Die Geschwister hatten untertags von dem abenteuerlichen Unternehmen des Brüderchens nichts verlauten lassen, als es aber spät abends noch nicht zurückkam, plauschten sie.

Die arme Frau war ratlos in der Nacht, ratlos in den nächsten Tagen, denn selbst die Männer, die nach dem Buben suchen gingen, kehrten unverrichteter Sache zurück. Schon gaben sich Mutter und Geschwister dem gräßlichen Gedanken hin, dass der Abenteurer Bären und Wölfen im Wald zur Beute gefallen sei. Bei den Leuten hingegen war mehr von dem guten Einfall des Knaben, bei der Fee des Berges Hilfe zu suchen, die Rede. Auch der hartherzige Bauer, der eigentlich Ursache all dessen war, hörte davon, sagte aber hämisch nur: „Was wird die Silberfee mit dem Lumpengesindel zu schaffen haben wollen?"

Aber wie erstaunte der schlimme Mann, als in seiner Behausung etliche Tage darauf der Witwe Sohn mit einer Geldkatze um den Leib erschien und die lumpigen zwei- oder dreihundert Gulden auf den Tisch zähllte wie eine Kleinigkeit. Daß ihm dies nichts anderes war, zeigte die Geldkatze, die wahrlich noch dick genug um die Hüften des wackeren Burschen griff.

Das war nun ein Jubel, als die Witwe ihren Sohn und die Geschwisterschaft ihr Büderlein wiedersahen und Genügen in die Hütte der Armut kam! Des Fragens und Erzählens war kein Ende. Von der Güte und Schönheit der Fee erzählte der Fant, von der langen Fahrt durch den Wald. Die Nächte hatte der Ärmste in einsamen Holzerhütten zugebracht; Beeren waren seine Speise gewesen. Den Silberbarren hatte er mit der Rinde eines Tännlings umhüllt, damit niemand erkannte, was er trug. Wie rühmte er den guten Goldschmied, der ihm das Silberbergerz, als zu den feinsten Arbeiten allein geeignet, so gerne abnahm, reichlich wertete und ihn einlud, das Goldschmiedhandwerk zu lernen! Des Erzählens war kein Ende, und für den Gedanken, Goldschmied zu werden, war der Bub Feuer und Flamme. Er wanderte wieder nach Passau, wurde wirklich ein Goldschmied und lebte glücklich bis an sein Ende.

Ludolf Silvanus

Geld

Bei Altenmais (Bez. Viechtach) lebte ein rechter Ruach, dessen ganzes Sinnen und Trachten darauf ausging, Geld zusammenzuraffen. Er kannte nur die Arbeit und gönnte sich keine Erholung, nicht einmal sonntags, denn da mußte er seine Silbertaler und Goldfüchse hüten und die im Laufe der Woche eingefangenen Schäflein zu den übrigen bringen. Am liebsten blieb er allein zu Hause und genoß beim Anblick seines Reichtums heimliche Freuden. Als er starb, konnte niemand das Geld finden. Aber man sah des Nachts seine Gestalt „umgehen". Woher sie kam, brachte man nicht heraus; aber eins sah man, daß sie in den Pumpbrunnen hinab verschwand. Die Leute untersuchten den Brunnen, fanden dort eine irdene Schüssel voll Geld, und die Wehriz wurde nicht mehr gesehen.

Nach Jahren entdeckte ein Maurer bei Ausbesserungsarbeiten im Rauchfang wieder einen Hafen voll Bargeld. Er schickte die im Raum Anwesenden mit einem schnell ausgeheckten Auftrag zum Schmied. Bis sie zurückkamen, hatte er die Silber- und Goldgulden, die silbernen und kupfernen Kreuzer, die leichten, schweren und halben Batzen, die deutschen Vereinstaler, die Preußen- und Kronentaler und die beliebten bayerischen Frauenbilder und all das blinkende und klimpernde Zeug beiseite geschafft. Er kaufte davon ein Haus. Erst auf dem Sterbebette offenbarte er, wie er zu seinem Wohlstand gekommen war.

Otto Liebhaber

Ein Maiser Stücklein

Als der Maiser Ortsvorsteher Hochzeit feierte, wollte die ganze Gemeinde nachgehen, d. h. den zweiten weltlichen Teil des Festes mitbegehen. Es traf aber an diesem Tage Holzeinfahrten. Frohgemut zog man vormittags in den Wald. Weil die Maiser weitsichtige Leute sind, so bedachten sie schon jetzt, daß am Nachmittag ihre Kinder das Holzzubringen allein fortsetzten müßten, während sie selber auf dem Tanzboden flankeln würden. Ihre Hauptsorge war darum, wie die halbwüchsigen Leutchen die oberen Lagen des Holzstoßes herunterholen könnten. Es ist wahr und muß zugegeben werden, die Maiser dachten gründlich darüber nach und beratschlagten lange; denn der Fall lag, wie jedermann zugeben wird, außerordentlich schwierig. Als keiner der von verschiedenen Seiten gemachten Vorschläge durchdrang, erklärte endlich ein besorgter Vater: „Ei was, da machen wir nicht viel Geschichten; wir ziehen einfach die unteren Scheiter aus dem Stoß raus, dann senkt er sich von selber und die Kinder können die oberen leicht erlangen." So geschah es auch. Die Maiser mußten sich über die Maßen plagen, aber die Kinder konnten dann zu den oberen Scheitern hinaufgelangen.

Otto Liebhaber

Der Kötztinger Pfingstritt

Als einst den felsigen Kaitersberg und das Zellertal schier noch Urwald bedeckte, kam eines Abends von dem Bergdörflein Steinbühl ein Bote nach Kötzting, den Pfarrherrn zu einem Todkranken zu rufen. Nun war aber die Gegend an dem Berge der vielen dort hausenden Bären halber berüchtigt, nicht minder wegen gefährlicher Räuber, denen die Wildnis genug Schlupfwinkel bot.

Wahrlich, der Gerufene hätte sein Leben wagen müssen, wenn nicht etliche Kötztinger Burschen bereit gewesen wären, zu Pferde ihrem Pfarrherrn das Geleite zu geben.

So ging denn die Fahrt nach dem entfernten Dörflein gar wohl vonstatten und der Sterbende konnte noch gestärkt und getröstet werden. Aber auf dem Heimwege wurde das Häuflein von einer Schar Strolche überfallen, in der Nacht und mitten im Walde. Da bewährten sich nun die Jünglinge: etliche der Strolche mußten ins Gras beißen und die übrigen Fersengeld geben. Dem edlen Seelsorger aber ward nicht ein Haar gekrümmt.

Nach solch glücklichem Verlaufe des Straußes gelobten die Wackeren, die Fahrt zu gelegener Zeit mitsamt dem Priester als eine Wallfahrt zu wiederholen, umsomehr, als in dem Bergdörflein schon dazumal ein Kirchlein stund.

Und das war der Anfang zu dem alljährlichen Kötztinger Pfingstritte. Voran reitet ein Kreuzträger, von zwei Trompetern begleitet, dann folgt, ebenfalls zu Rosse und mit dem Chorhemde angetan, der Geistliche. Auf seiner Brust blinkt ein silbernes Kreuz und auf diesem ein fein Kränzlein aus Golddraht, mit bunten Steinen besetzt, das Tugendkränzlein. Unter der wallenden grünseidenen Stadtfahne reiten die Bürgerssöhne, während die ländlichen Reiter mit der Bauernfahne folgen.

Das Kirchlein Sankt Nikolaus in Steinbühl ist schon sehr alt. Seine Pforte ist innen und außen mit einer Menge von Hufeisen beschlagen. In diesem Kirchlein wird nach Ankunft des Zuges ein Gottesdienst abgehalten, indessen die Pferde außen an den Mauern rasten. Nachdem noch ein Wallfahrtstrunk und -imbiß eingenommen worden, geht es in gleicher Ordnung, doch teilweise im Trab, nach Kötzting zurück.

Nachmittags wird das Tugendkränzchen dem bravsten Jüngling der Stadt, der vom Pfarrherrn und vom Stadtrat ausersehen wurde, am linken Rockärmel angeheftet. Alsdann gibt es Musik und feierlichen Einzug – sogar eine Hochzeit; denn der Pfingstbräutigam, der Jüngling mit dem goldenen Tugendkränzlein, darf sich ein junge Kötztingerin als Pfingstbraut wählen.

Ludolf Silvanus

Steingretel

Läßt sich ein Kindlein nicht waschen, nicht waschen,
Steingretel kommt, Steingretel wird's haschen.

Steingretel, die war ein blühendes Weib;
Wie Weißdornblüte war weiß ihr Leib.

Steingretel ihr Mann zog ins heilige Land,
Wo dem Christ der heidnische Türk widerstand.

Steingretel, dein Mann kommt nimmer nach Haus!
Ein Bote kramte die Nachricht aus.

Drob hat sich Steingretel vermessen gegrämt,
Blieb ungewaschen, blieb ungekämmt.

Blieb ungebürstet und ungeflickt;
Schier ist im Schmutz Steingretel erstickt.

Und doch war ihr Mann am Lebenn fürwahr,
Heil kam er wieder nach manchem Jahr.

Steingretel vor Scham und Schande entwich,
Zum Steinbach eilte zu waschen sich.

Sie wusch sich und wusch sich bei Tag und Nacht.
Kein Mensch hat sie wieder nach Hause gebracht.

Steingretel wäscht immer und wäscht sich so fort
Im Mondschein im Bache, am düsteren Ort.

Läßt sich das Kindlein nicht waschen, nicht waschen ...
Nein, Mutterl, nein;

Ich bin ja schon rein! –
Still! Steingretel kommt, sie wird dich haschen!

Ludolf Silvanus

Der Schatz auf dem Hohenbogen

Von diesem Schatze gehen wunderliche Sagen. Er liegt hundert Lachter unter dem „Burgstall“, wie man den Gipfel des Hohenbogen heißt, in einem kupfernen Kessel. Alle hundert Jahre wird ein Mensch geboren, der ihn unter gewissen Bedingungen zu heben vermag. Ein solcher war der Hirt von Schwarzenberg, welcher eines Tages seine Herde auf der sogenannten „kleinen Ebene“ am Fuße des Burgstallkegels weidete. Als er abends eintreiben wollte, vermißte er ein junges Rind, und nach einigem Suchen hörte er es hoch oben im Walde Laut geben. Er stieg eilig den Burgstall hinan und war schon nahe dem Gipfel, als plötzlich eine wunderschöne, aber seltsam und fremdartig gekleidete Jungfrau vor ihm stand und ihn mit einschmeichelnder Stimme anredete: „Du kommst zu guter Stunde hierher. Wisse, daß es in meiner Hand liegt, dich zum reichsten Mann im Lande zu machen. Ich kann dir offenbaren, auf welche Weise du den unter unseren Füßen vergrabenen Schatz heben magst.“ Der Hirt, welchen beim ersten Anblicke ein heimliches Grauen beschlichen hatte, faßte Mut und entgegnete, nachdem er sich bekreuzigt, daß er bereit sei. die Unterweisung zu vernehmen. Freudig fuhr die Jungfrau fort: „Finde dich heute über acht Tagen zu Beginn der Mitternachtsstunde am Fuße des Burgstalls ein, begleitet von zwei Priestern, welche die Beschwörungen zu sprechen wissen. Ihr werdet den Schatz erhoben auf dem Gipfel des Berges liegen sehen. Schreitet nur mutig darauf los und laßt euch nicht irren, was euch immer in den Weg trete, sähe es auch noch so schrecklich aus; denn es ist eitel Blendwerk des Bösen, das euch weder an Leib noch an Seele schaden kann. Bist du an die Schatztruhe herangekommen, so greife mit beiden Händen keck in den Goldhaufen ein und er ist dein für immer. Aber wehe, so du durch die Künste Satans dich zur feigen Flucht bewegen ließest, wehe mir dann! Abermals müßt’ ich hundert Jahre umherirren und könnte nicht eingehen zur ewigen Ruhe. Siehe dieses zarte Reis!“ – hier wies sie auf ein dem Boden entsprossenes Ahornbäumchen – „es muß zum starken Baume heranwachsen, aus seinem Stamme müssen Bretter geschnitten und diese zu einer Wiege gefügt werden. Der Knabe, welcher in dieser Wiege ruhen wird, muß Mann geworden sein, dann erst darf ich wieder auf Erlösung hoffen. Gedenke der unaussprechlichen Leiden einer armen, verbannten Seele und erbarme dich meiner, wie du willst, daß Gott der Herr sich deiner erbarme!“ In den letzten Worten lag der Ausdruck eines so herzzerreißenden Jammers, daß der Hirte davon aufs tiefste ergriffen ward und mehr durch den Wunsch, so große Pein zu lindern, als durch die Begierde nach den verheißenen Reichtümern zu dem Wagnisse der Schatzhebung sich getrieben fühlte. Eben wollte er der Jungfrau seinen Entschluß kundgeben, als sich die Gestalt derselben in leichten Nebelflor auflöste, den der Abendwind über den Gipfel des Burgstalls hinwegtrieb. Aus dem Gebüsche aber, an welchem die Erscheinung gestanden, kam das vermißte Rind hervor und folgte willig seinem Herrn auf den Weideplatz hinab.

Des andern Tages hatte der Hirt nichts eiliger zu tun, als nach Neukirchen zum Kloster der Franziskaner zu gehen und dem Pater Guardian den wunderbaren Vorfall zu berichten. Dieser hielt mit den Vätern Rat, was in der Sache zu tun sei, und man kam zu dem Entschluß, daß es sich hier um die Erlösung einer armen Seele und einen Triumph über den Satan handle, wozu die Diener der Kirche hilfreiche Hand bieten müßten. Nachdem der Guardian von dem Hirten seinem Gotteshause einen erklecklichen Anteil an dem Schatze ausgedungen hatte, erteilte er zwei Mönchen, welche als die geübtesten Teufelsaustreiber der Gemeinde galten, den Auftrag, sich durch Beten und Fasten zu dem heiligen Werke vorzubereiten.

Zur bestimmten Zeit trafen die Väter und der Hirt am Burgstall zusammen und eben schritten sie über den Weideplatz hin, als die Turmuhr zu Neukirchen die elfte Stunde angab. Mit dem letzten Schlag loderte auf dem Gipfel eine hohe Flamme empor, und die Mönche erkannten dies als ein Zeichen, daß der Schatz sich erhoben habe. Nachdem sie den Hirten gewarnt, nicht von ihrer Seite zu weichen, schickten sie sich an, dem bösen Geiste tapfer zu Leibe zu gehen. Aber kaum hatten sie einige Schritte bergan gemacht, als im Walde ein seltsames Leben rege ward. Eulen und Fledermäuse flatterten den nächtlichen Wanderern in dichten Schwärmen entgegen, aus dem Unterholz links und rechts warf es mit Totenbeinen nach ihnen und grinsende Schädel kollerten unter ihren Füßen hin. Die frommen Söhne des heiligen Franziskus ließen sich von diesem Spuke keineswegs anfechten, sondern drangen, mit lauter Stimme die Bannformeln hersagend und nach allen Seiten Weihwasser sprengend, rastlos voran. Schon mochten sie die Hälfte des Weges zurückgelegt haben, als der bisher mondhelle Himmel plötzlich sich verfinsterte und ein Sturm losbrach, welcher den ganzen Berg aus seinen Grundfesten heben zu wollen schien. Die Blitze fuhren hageldicht auf die Baumwipfel nieder, der Donner krachte Schlag auf Schlag, die Gießbäche stiegen im Nu brausend über ihre Ufer und wälzten mannshohe Fluten gegen die Drei herab. Diese meinten bis an den Hals im Wasser zu waten; aber wie sie näher zusahen, fanden sie, daß nicht ein Faden ihres Gewandes naß war. Darum achteten sie es auch nicht weiter, als ihnen noch allerlei Schreckbilder, bald tierähnlich bald menschlicher gestaltet, in den Weg traten, und erreichten den Gipfel, ohne daß ihnen ein Haar gekrümmt worden war.

Hier sahen sie wenige Schritte vor sich, hell von der noch immer lodernden Flamme erleuchtet, ein kesselartiges Gefäß, das bis zum Rande mit funkelnden Goldmünzen gefüllt war. Eben wollte der Hirt vortreten, um, wie die Jungfrau geboten, den Schatz mit seinen Händen zu erfassen, da wankte der Boden unter ihm und von unterirdischer Kraft gehoben wich ein mächtiger Felsblock polternd von seinem Platze. Aus der Öffnung, die sich gebildet, kroch ein scheußlicher Lindwurm hervor und ringelte seines Leibes endlos gestreckte Glieder dreimal um den Gipfel des Burgstalls herum, einen furchtbaren Schutzwall vor dem gefährdeten Mammon auftürmend. Das Erscheinen dieses Ungetüms setzte die Herzhaftigkeit der guten Mönche auf eine zu harte Probe. Sie glaubten sich schon gepackt von den scharfen Zähnen des Drachen und purzelten mehr als sie liefen den steilen Abhang hinunter. Dem Hirten, der sich von seinen geistlichen Helfern verlassen sah, blieb nichts übrig, als ihnen zu folgen.

Wohl vernahmen sie hinter sich die Stimme der Jungfrau, welche in kläglichen Lauten zum Ausharren ermahnte, aber die Flüchtlinge waren nicht mehr zum Stehen zu bringen. Nur einmal hatte der Hirt umzuschauen gewagt und gesehen, wie sich der Gipfel des Berges spaltete und in seinem weiten Risse die Schatztruhe verschlang. Darauf erhob sich ein tausendstimmiges Geheul, welches ihm das Blut in den Adern gerinnen machte. Es war das Hohngelächter der Hölle.

Adalbert Müller

Die Riesengeiß

Auf dem Hohenbogen weidete eine Geiß, die so ungeheuer groß war, daß ihr Rücken die Wipfel der höchsten Bäume überragte. Tag für Tag fraß das Untier zwei Morgen Landes ab. Einmal schlief es am Rande eines Hohlweges und ließ seine strotzenden Euter über diesen herabhängen. Ein Holzwagen, der aus dem Hochwalde kam, riß ihm im Vorüberfahren eine Zitze weg und aus der Wunde ergoß sich ein Wolkenbruch von Milch, welcher sieben Dörfer am Fuße des Berges hinwegschwemmte. Das war das erste und letzte Mal, daß stromweise Milch geflossen ist im gelobten Lande Bayerwald.

Adalbert Müller

Die Riesengeiß

Neukirchen zum heiligen Blut

Als im Jahre 1450 Hussens Lehre in Böhmen Anhänger fand, trug es sich zu, daß ein Hussite bei der Kapelle von Neukirchen vorüber seinen Weg zu Pferde nahm. Hier stieg er ab, brach nicht nur gegen das Muttergottesbild in der Kapelle in gotteslästerliche Reden aus, sondern legte sogar Hand an, riß es vom Altare hinweg und warf es in einen nahen Brunnen, welcher noch heutigen Tages in der Sakristei zu sehen ist. Dreimal warf er das Bild in den Brunnen, dreimal ward es durch unsichtbare Hand aus dem Brunnen wieder an seine Stelle gehoben. Da entbrannte des Hussiten Zorn in furchtbarer Wut; er zieht das Schwert und versetzt dem Bildnis einen gewaltigen Hieb, so daß er Krone und Haupt bis zum rechten Auge hin spaltete. Doch siehe! Da floß Blut aus dem hölzernen Bilde. Der Bösewicht erschrickt, wirft sich auf sein Pferd und treibt es zu rascher Flucht. Obgleich nun das Roß so heftig zu rennen schien, daß es die vier Hufe verlor, so kam es in der Tat doch nicht von der Stelle. Da erkannte der Hussit ein höheres Walten, bereute seine Missetat und bezeugte das Wunder vor allem Volke.

Alexander Schöppner

Das Silberbacher Glück

Am Fuße des Ossers liegt ein armes Dörflein, Silberbach mit Namen. Dahin kam vor mehr als hundert Jahren das Glück. Ein Mann fand am Hange des Berges eine Grube, so reich an Silbererz, daß das ganze Dorf darüber außer sich kam.

Aber anstatt das Glück beim Schopf zu fassen und das kostbare Erz herauszuschlagen, ließen die Silberbacher die Arbeit Arbeit sein und feierten ein Freudenfest. Es wurde Kalb und Schwein geschlachtet und das letzte Huhn nicht geschont; es wurde gesotten und gebraten und drei Tage lang bei Musik und Tanz gegessen und getrunken.

Als alles verschmaust und vertan war, kamen die Glücklichen wieder zu sich. Da gedachten sie den Schatz der Erzgrube ans Tageslicht zu heben. Sie zogen hinaus an den Berg mit Hacke und Hau – aber o Leid! Sie fanden die Stätte nicht mehr. Verschlossen und taub war jegliches Gestein, das sie anschlugen. Und ob sie den Hang absuchten von unten bis oben: die Grube mit dem Silbererz war verschwunden. Das Glück war wieder fortgegangen, und es kam nicht mehr nach Silberbach bis auf den heutigen Tag.

Nach Ludolf Silvanus

Märlein vom Wind

Es war ein Riese im Böhmerwald,
So melden die heimischen Sagen,
Der hatte ein Maul wie ein Stadeltor
Und einen entrischen Magen.

Allein im Walde war auch der Wind
Mit seiner Windin, der Fege;
Die waren wie Kugeln so dick und rund
Und neckten ihn allerwege.

Doch ward's dem Riesen einmal zu arg;
Er konnte die Mucken nicht leiden.
Just gähnte er, als sie kamen im Flug,
Und schluckte hinunter die beiden.

Da rollten die beiden in seinem Bauch
Wie Schusser in einem Kübel;
Das macht dem besten Magen Beschwer –
Dem Riesen wurde steinübel.

Er rannte ans Meer und spie sie hinein;
Das gab gewaltige Seen.
Nun wißt auch ihr, warum aus dem Meer
Der Wind und die Windin wehen.

Ludolf Silvanus,

Mein Bayerwald, Waldbauer, Passau

An Inn und Rott aufwärts

Der Tod mit dem Rechen

Auf der Straße von Passau nach Neuburg am Inn ging ein Bauer nach Hause. Auf einmal schritt ihm zur Seite der Tod mit der Sense und einem Rechen, dem ein Zahn fehlte. Eine Weile wanderten die ungleichen Gefährten selbander des Weges. Nur ab und zu wagte der Mann aus Fleisch und Blut einen verstohlenen Blick nach seinem unheimlichen Begleiter. Der Rechen erregte seine Neugierde. Er faßte sich ein Herz und fragte den Sensenmann, weshalb er auch einen Rechen trage, dem ein Zahn fehlt. Da antwortete der Gefragte: „Ich habe mir heute mein Arbeitsfeld angesehen. In kurzer Zeit komme ich wieder und werde hier Ernte halten. Glücklich der, der beim Zusammenrechen durch die Lücke dieses Zahnes entkommt." Mit diesen Worten verschwand der Knochenmann.

Einige Jahre darauf – man schrieb das Jahr 1634 – verheerte die Pest die ganze Gegend. Jener Bauer war der einzige in seinem Ort, welchen der schwarze Tod verschonte.

Nach Karl Sigl

Der Teufel und das Brot

Einst ging ein Mann von Neukirchen am Inn nach Höch. Da hörte er in der „langen Gasse" von einer Eiche herab rufen :

„Mich hungert!" Er sah empor und erblickte den Rufer. Der unten sagte: „Warte ein wenig, ich bring dir Brot!" Er ging nach Hause, schnitt in einen Laib Brot drei Kreuze und trug diesen zu dem Baume, auf dem der Hungernde saß. Er gab ihm das Brot hinauf und sagte: „Laß es dir schmecken!" Als aber der oben die drei Kreuzlein sah, schleuderte er den Laib von sich und verschwand.

Franziska Tischler

Der Tod mit dem Rechen

Die Armesünderzelle in Neuburg am Inn

Vor noch nicht langer Zeit war in der ehemaligen Kerkerzelle der Burg Neuburg am Inn besonders an nebligen Tagen, wenn die Mauern feucht wurden, an einer Wand deutlich eine seltsame Zeichnung zu sehen. Die letzte Sünderin, die auf der Richtstätte der Grafschaft büßen mußte, Katharina Thalmeier von Jägerwirt, hatte ihre Mutter erschlagen. Am Tage vor ihrer Hinrichtung ritzte sie sich eine Ader auf, zeichnete mit ihrem Blute an die Wand ihrer Kerkerzelle ein Herz und schrieb darein ihren Namen, umgeben von einer Kette.

Franziska Tischler

Die Klosterherren und der Bauernjunge

Über dem Portal der ehemaligen Abtei Vornbach ist der Abt als Bauernjunge abgebildet, in jeder der beiden Hände drei Weizenähren haltend. Einst gingen zwei Herren des Klosters Vornbach von Neukirchen am Inn nach Hause. In Höch sahen sie einen Bauernjungen, welcher ackerte. Sie sagten zu ihm: „Geh mit uns, du mußt unser Abt werden!" Da lachte der Junge und sprach: „Ich werde ebensowenig euer Abt, als aus diesem Pfluge Ähren wachsen!" Kaum hatte er dies gesagt, so wuchsen aus dem Pfluge drei schöne Weizenähren. Der Junge nahm dies als ein Zeichen. Er ging in das geistliche Seminar zu Passau, wurde Priester und später wirklich Abt von Vornbach. Er hieß Benedikt I. mit dem Familiennamen Höchbauer. Sein Geburtshaus heißt jetzt noch beim „Höhbern" – Benedikt I. stand dem Kloster Vornbach als Abt vor von 1624-1645.

Franziska Tischler

Hunnenzug

Im Jahre 451 n. Christus

Es wimmelt am Ufer, es knirscht der Sand,
Es wirbelt in den Wellen;
Ein Schwarm von Rossen durchschwimmt die Flut,
Die kleinen Reiter sitzen gut,
Schlitzäugige, wilde Gesellen.

Das gleitet und klimmt von Strand zu Strand,
Die Rosse wiehern und schnauben,
Und drüben schwirrt es fort im Flug,
Es braust dahin der Hunnenzug
Mit Brennen und mit Rauben.

Es zittert der Söldling im Römerkastell,
Der Flüchtling in den Wäldern:
König Attila reitet auf leichtem Roß,
König Attila zieht mit Reiter und Troß
Nach den katalaunischen Feldern.

Die Brücke

Im Jahre 1322

Es rauschen die Wellen im grünen Inn,
Und wie sie rauschen, ist mir im Sinn,
Ich hör die Brücke dröhnen
Von Hufschlag und in blanker Wehr
Aus Österreich ein glänzend Heer,
Das zieht mit Friedrich dem Schönen.

Es rauschen die Wellen im grünen Inn,
Und wie sie rauschen, ist mir im Sinn,
Es dröhnt die Brücke wieder;
Sie dröhnet wieder von Rossegestampf,
Und Ludwig der Bayer reitet zum Kampf
Im Helm und Eisenmieder.

Es rauschen die Wellen im grünen Inn,
Und wie sie rauschen, ist mir im Sinn,
Die Brücke hallt aufs neue:
Sie hallt von einem hellen Lied,
Ein fahrender Sänger drüber zieht
Und singt von deutscher Treue.

Woher die Rott ihren Namen hat

Wo die Rott in den Inn mündet, liegt zwischen beiden Flüssen, 1 ½ Stunden lang und ½ Stunde breit, die Pockinger Heide oder Königswiese. Da wollten vor mehr als tausend Jahren die Ungarn, die Bayern bis an den Lech verwüstet hatten, mit reicher Beute beladen über den Inn setzen. Aber der bayerische Herzog Arnulf hatte die Räuber erwartet, griff sie an und schlug sie so blutig, daß nur ein Fetzen des Heeres entkam. Ein Haufe wurde von den Bauern vernichtet. Die Pferde fing man ein, sie gaben den Anfang zur Rottaler Pferdezucht. Die Leiber der erschlagenen Feinde aber wurden in den Fluß geworfen, dessen bräunliches Wasser vom Blute rot wurde.

Und Rott heißt der Fluß bis auf den heutigen Tag.

Der Reiter

Vor mehr als hundert Jahren wartete ein altes Mütterlein in einem Häuschen in der Au bei Pfarrkirchen auf die Heimkehr des Sohnes. Der war mit Napoleon und der großen Armee nach Rußland geritten und mit vielen Tausenden und Tausenden im eisigen Schnee eingeschlafen und nicht wieder aufgewacht.

Aber das Mütterlein weiß es nicht und wartet und weint sich fast die Augen blind. „Nur einmal laß mich ihn noch sehen, lieber Herrgott, und dann nimm mich zu Dir!"

Der Kienspan brennt am Ofenrand. Draußen ist stille Mondennacht. Horch, was sprengt auf dem Rottweg daher? Wie es wiehert und prustet, wie Sporen und Säbel klirren! Da halten Roß und Reiter. „Mein Bub!" ruft das Mütterlein.

Es reißt die Tür auf. Aufrecht sitzt der Kriegsmann auf dem Schimmel im Mondenschein – aber Gott helf! Unterm Helm grinst ein Totenschädel!

Dem Mütterlein erstarrt das Blut, das Herz steht ihm still, von allem Leid erlöst sinkt es zur Erde.

Sie begraben es an der Friedhofmauer.

Das Grab ist mit Gras bedeckt und vergessen. Aber allnächtlich sprengt von Osten heran ein Reiter, setzt über die Mauer und hält; aus leeren Augenhöhlen starrt er auf den kleinen Grabhügel. Mit dem Stundenschlag eins stieben Roß und Mann wieder von dannen; fern in Rußland sinkt ein bayerischer Reiter in sein Grab zurück, der Schimmel aber zerfliegt wie ein Nebelfetzen im Morgenwind.

Nach Maria Egger

Der Reiter

Es hat Gebet geläutet

Ein allzufleißiger Bauer in Ed bei Postmünster gönnte dem Vieh auf dem Felde auch nach dem Gebetläuten noch keine Ruhe. Eines Sonntags redete ihn ein Nachbar über den Zaun hin über an:

„Laß dir sagen, Nachbar, du hebst bei unserm Herrgott keine rechte Ehre auf mit deinem Ackern, wenn´s schon Gebet geläutet hat!“

„Hast ghört,“ erwiderte dieser, „ich hör mit dir zur selben Stund auf von dem Tag an, da meine Scheckl nach dem Gebetläuten zu weinen anfangen.“ Das Ding ist gut.

Am andern Tag läutet's Gebet. Der Bauer nimmt den Hut ab, hält still, ackert aber wieder weiter, sobald der letzte Glockenton verklungen ist.

Horch, da vernimmt er ein lautes, schmerzliches Schluchzen, wie wenn ein Mann weint. Der Bauer hält wieder und schaut um. In dem Augenblick verstummt das Schluchzen, und weit und breit ist kein Mensch zu sehen. Schon zieht die Hand das Leitseil wieder an, da hört er das seltsame Weinen von neuem, dumpf und herzbewegend. Sein Blick richtet sich auf die zwei Scheckl: siehe, sie lassen den Kopf hängen, aus ihren Augen kugeln große Tropfen und sie stoßen so wehe Laute aus, daß es dem harten Mann seltsam ans Herz greift.

Er bekreuzt sich, legt den Pflug um und zieht mit den Ochsen heim. Er hat nie wieder geackert, wenn es Gebet geläutet hatte.

Nach Michael Waltinger

Eine Hexenaustreiberin

In Bruck war nicht selten die Milch verhext. Als die neue Bruckbäuerin merkte, daß in ihrem Hofe die Hexe fleißig Einkehr nahm, ging sie eines Morgens, als noch alles im Hause schlief, in den Kuhstall hinunter. Sie durfte nicht sprechen und niemand durfte sie anreden. Sie reinigte den Barren aufs säuberlichste, steckte rundum Wachslichtlein auf und schüttelte den besten weißen Rahm hinein. Dann trat sie hinaus, hinter den Stall, schnitt von der Dornhecke einige Reiser ab, kehrte zurück und hieb mit aller Wucht eine Viertelstunde lang auf den Rahm ein.

Von dem Tag an ist die Hexe ausgeblieben.

Michael Waltinger

Das Hexenpulver

Im Monikahäusl bei Postmünster wohnte einmal ein Schneider. Eines Tages kam er in einen Bauernhof auf die Stör und sah, wie die Bäuerin, ehe sie Butter ausrührte, aus einem Schächtelchen weißes Pulver ins Butterfaß streute. Sie erhielt einen ungewöhnlich großen Hafen voll Butter.

In einem unbewachten Augenblick stahl er ihr so viel von jenem Staub, als er flink zwischen Daumen und Zeigefinger packen konnte.

Zuhause streute er dieses Schnüpfchen in sein bißchen Rahm, rührte aus und bekam „einen großen Butter".

Des Nachts klopfte es an sein Fenster. Er öffnete es und fragte nach dem Begehr. Da stand ein Mann draußen, der sagte: „Willst du Pulver zum Buttern, so mußt du hier unterschreiben!" Und er hielt ihm ein Papier hin.

Der Schneider erschrak, sprang zum Weihbrunnkessel und sprengte Weihwasser nach dem Fenster.

Da verschwand der Fremde.

Michael Waltinger ,

Niederbayerische Sagen. Gäßler, Eggenfelden 1901

Die feurigen Männer

Einmal kamen zwei feurige Männer aus der Richtung Pfarrkirchen und zogen gegen Postmünster. Vor der Kapelle, welche unter dem Namen „Hustenmutter" weit und breit bekannt ist, fielen sie sich gegenseitig an, rauften und schrien und rannten plötzlich in die Kapelle.

Nach einiger Zeit trat einer nach dem andern ohne Streit wieder heraus, und sie gingen zurück nach Pfarrkirchen.

Der alte Zeiler Hiasl weiß, daß das der Baumeister und sein Polier waren, welche die Hustenmutterkapelle erbaut und die armen Handwerker um ihren Lohn betrogen haben.

Michael Waltinger

Unsere Liebe Frau vom Rottal

Im Rottal weilte einst Unsere Liebe Frau in jeder Kirche und Kapelle, in Haus und Hütte, auf Weg und Steg.

Da brach der erste große Krieg aus. Wer fort mußte in Feindesland, suchte die Gottesmutter auf und empfahl sich ihrem Schutze.

Aber tausend und tausend Söhne des Rottals sanken ins Soldatengrab.

Der große Krieg ging verloren.

Bis er zu Ende ging, hatte er Heer und Heimat verdorben. Ins Rottal waren Wildheit und Wucher eingedrungen. Die Verderbnis war so groß, daß sie die Toten, die im Feindesland in kühler Erde schliefen, aus der ewigen Ruhe aufstörte. Um Mitternacht mußten sie aus den Gräbern steigen und wieder und wieder zum blutigen Sturm vorspringen.

Aber kein Mensch in der Heimat wußte es. Nur Unsere Liebe Frau sah die Marter der um ihre Ruh' Gebrachten. Da wandelte sie fort aus der Heimat und zog zu ihnen, die in fremder Erde zu jeder Mitternacht aufs neue qualvoll stritten und starben. Sie wandelte von Ort zu Ort, von Land zu Land, und wo sie eines Rottaler Sohnes Grab fand, beugte sie sich nieder und legte ihre heilige Hand auf den Hügel. Dann sank der Tote unten für immer in seligen Frieden.

Die Mutter Gottes von Stubenberg

Die Mutter Gottes von Stubenberg

Im Jahre 1716 brach der bayerische Soldat Hans Weeger nachts in die Kirche zu Stubenberg ein, leerte den Opferstock aus, stieg auf den Frauenaltar und fing an die Mutter Gottes ihres Schmuckes zu berauben. Sie war mit einem blauen, silbergestickten Mantel bekleidet, der mit glänzenden Münzen, Ringen und anderen geopferten Gezierden reich behangen war. Als der Räuber nach einem schimmernden viereckigen Taler griff, kam in das hölzerne Bild Leben; die Gottesmutter beugte sich nieder und legte ihre Hand mit hartem Griff um die Diebskrallen.

Der Schelm starrte erschreckt zu ihr auf; sie aber fing an zu reden und sprach: „Was machst du hier?“ Da sank er in die Knie und stammelte: „Ich habe Weib und Kinder, und weil ich nicht betteln darf, muß ich rauben, daß ich ihnen Brot schaffe!“

„Diesmal wird dir nichts geschehen,“ entgegnete die Gottesmutter, „aber in 6 Jahren wirst du hingerichtet werden!“

Der bayerische Soldat Hans Weeger hörte ersteres lieber als letzteres; er war voll Dank gegen die Gütige.

Aber er blieb ein Schelm wie zuvor.

In die Kirche zu Stubenberg brach er nicht mehr ein, aber landauf, landab in andere. Er brauchte nicht zu betteln.

Sechs Jahre gingen um. Da fiel ihm ein, daß er doch auch der Mutter Gottes in Stubenberg wieder einen Besuch abstatten solle. Sie war gütig und hing wohl aufs neue voll silberner Opferzier. In einer finsteren Nacht stand er wieder auf dem Frauenaltar und langte nach den glänzenden Ringen und Münzen. Da faßte die heilige Hand der Gottesmutter abermals nach der seinen, hielt sie fest und ließ sie nicht mehr los. Und ließ sie nicht mehr los, bis die Schergen kamen.

Der Kirchenräuber ward nach Eggenfelden geführt und gehängt im Jahre 1722.

Nach Simbeck

Der Wasservogel von Wurmannsquick

Der Markgraf Luitpold der Schyre hatte einen treuen Waffengefährten mit Namen Wurmann. Der kam nach der Schlacht an der Ennsburg in die Gegend, wo heute Wurmannsquick liegt, und ließ sich mit seinen Mannen nieder. Aber die Ungarn fielen wieder in Bayern ein und sengten und brandschatzten. Herzog Arnulf rief zum Kampf auf. Auch Wurmann mit seinen Getreuen eilte ihm zu Hilfe. Auf dem Mordfelde bei Oetting wurden die Ungarn geschlagen. Ein Haufe floh in die Gegend von Wurmannsquick und versteckte sich in den Sümpfen und Niederungen. Die Flüchtlinge lebten von Räubereien, und um zwischen Schilf und Strauchwerk nicht erkannt zu werden, bekleideten sie sich mit Binsengeflechten. Endlich gelang es Wurmann und seinen Mannen diese seltsamen Wasservögel zu fassen; er machte Jagd auf sie, umzingelte den Rest in einem Bauernhof und erschlug ihn.

War es zur Pfingstzeit?

Ein uralter Brauch lebte im bayerischen Lande. Alljährlich am Pfingstmontag kamen die Burschen eines Dorfes zusammen und hüllten einen von ihnen in Binsen. Man nannte ihn den Wasservogel. Er mußte sich in einem Bauernhofe verstecken. Die anderen setzten sich zu Roß, ritten ihm nach, nahmen ihn nach kurzem Kampfe gefangen und zogen mit ihm zum Bach oder Fluß. Dort wurde der Gefangene bis über den Kopf ins Wasser getaucht als Flutopfer; denn nach heidnischem Glauben muß der Fluß jedes Jahr sein Opfer haben. Zuletzt ging der Wasservogel mit den Burschen von Haus zu Haus sammeln und sie sangen das Wasservogellied.

Verschmolz dieser uralte Brauch mit der Geschichte von den ungarischen Wasservögeln?

„Mir reitn über a gschludarats Moos,
Mir ham allsamt guat gsattlte Roß“

heißt es im Wasservogellied.

Die Einwohner von Wurmannsquick führten seit Jahrhunderten ein Festspiel „Der Wasservogel“ auf: Bayern und Ungarn halten zuerst einträchtig einen Umzug, die Ungarn zum Teil zu Fuß mit spitzen Binsenhüten und in Binsenmänteln. Sie schlagen auf dem Marktplatz getrennte Lager auf. Bei den Ungarn geht es lustig zu, Zigeunermädchen tanzen; die Bayern lagern ernst. Bei ihnen treffen Boten des Herzogs Arnulf ein und rufen sie unter ihrem Anführer Wurmann zum Kampfe auf gegen die Ungarn. Diese haben inzwischen in der Talsenke eine Stellung bezogen, und gegen sie rennt nun der bayerische Reitersturm so heftig an, daß sie sich in einen Bauernhof zurückziehen müssen, wo sie dann gefangen werden. Ihr Anführer Etzelino wird im Triumph eingebracht und zum Tod verurteilt. Der Bayernhäuptling Wurmann aber erhält vom Herzog das Land ringsum als Fahnenlehen.

Nach Kißlinger u. a.

An der Vils hinauf

Die Moosfrau

Das untere Vilstal war ehedem bis gegen Aidenbach hin ein unwegsames Gebiet, schier ein einziger großer Sumpf. Träge Ruhe brütete über der Niederung, in deren Pfützen giftiges Getier hauste. Breitmaul quakte, vom klappernden Langbein belauscht, Blaßhühner übten ihre Tauchkünste, Reiher fischten, Langschnäbler wurmten, kreischende Raubvögel horsteten auf den vereinzelten Birken, Kiebitze gaukelten über den Heiden und Mösern, Schlangen ringelten sich gewandt dahin und Reinecke Fuchs stattete dem Röhricht häufig Besuche ab, um den quarrenden Watschelfuß für seine Tafel zu holen.

In der Weidendickung aber hatten die Moosfrauen ihre Heimat. Das waren kleine unscheinbare Wesen, die sich mit ihrer Nebelhaube nach Belieben unsichtbar machen konnten. Sie trugen ein Licht in der Hand, mit dem sie sich gut gegen die Guten und bös gegen die Bösen zeigten: Den einen leuchteten sie auf dem nächtlichen Pfade, wenn sie sich in dem Gewirr echter und falscher Fahrten verirrt hatten, die anderen aber nasführten sie in den Sumpf, damit sie ihre Frevel büßten.

Ein fahrender Krämer aus Aidenbach, der sich jenseits der Vils unlieb verspätet hatte, geriet auf dem Heimweg durch das Moos in die tiefe Nacht. Sein Pferd kam vom Wege ab, und er selbst wußte weder aus noch ein, als der Blahenwagen im Moraste stecken blieb. Bekümmert murmelte er vor sich hin: „Jetzt waar a Moosfrau recht, wenn's solchene gaab!"

Da! Ein Moosweiblein in wehendem Schleier trippelte auch schon mit seinem Glühlämpchen um das Fuhrwerk herum, bis sich Mann und Roß zurechtfanden, worauf es dem Fuhrwerk vorausschwebend den Weg wies. Obgleich es der Händler herbeigewünscht hatte, so war er jetzt doch ganz betreten, weil er das Vorhandensein der gütigen Kobolde in Zweifel zu ziehen sich erlaubt hatte. Gern hätte er sich bedankt und wegen seiner beschämenden Zweifelsucht entschuldigt, fand jedoch lange die richtigen Worte nicht. Mittlerweile war er am Hügelrande angelangt, wo er nicht mehr irren konnte, und das Nebelfrauerl tauchte so plötzlich, als es gekommen war, in dem Nichts unter.

Otto Liebhaber

Die Mönche von Aldersbach und der Teufel

Die Mönche von Aldersbach setzten dem Teufel hart zu. Sie erkannten ihn, ob er seine Hörnlein noch so sehr versteckte, und unterwiesen das Volk, daß es sich vor ihm wahrte. Da half sich der Höllische auf andere Weise: er fing an, unsichtbar in den Leib der Menschen zu fahren.

Nicht weit von Aldersbach trieb ein Medizinölbrenner sein Handwerk. Er war ein Saufbruder und Flucher. Sein freundliches Töchterlein Barbara sparte rechtschaffen und aß oft und gerne nur saure Milch. Das konnte der Alte nicht leiden, und als sie wieder einmal saure Milch aß, fluchte er: „Iß in Teufels Nam und iß den Teufel hinein!"

Das Mädchen führte den Löffel noch zum Munde. Als es aber genossen, erblaßte es, begann zu zittern, zu schreien und zu toben; der Teufel war in die Arme gefahren und schüttelte und quälte sie zum Entsetzen.

Die Leute hatten Mitleid mit ihr, trugen sie in die Kirche und holten den Mönch Wilhelmus von Aldersbach, daß er über die Besessene bete. Der Mönch kam und beschwor den Teufel, daß er das rechtschaffene Mädchen verlasse und in kein lebendes Wesen, weder Mensch noch Vieh mehr fahre.

„Bann mich in einen Grasschmeler!" sprach der Höllische aus dem Mädchen heraus, als er nicht mehr widerstehen konnte. Er rechnete, daß die Leute oft Grashalme abreißen und sich damit die Zähne stochern; so käme er wieder durch der Menschen Mund hinein.

Allein der Mönch Wilhelmus redete ihn an: „Weißt du, Höllenhund, daß ich von Gott die Gewalt habe, dich zu bannen in ein wüstes Ort, wo du keinem Menschen einen Schaden und Mangel bringen kannst, wo kein Sonn und Mond nicht scheint?"

Der Satan schwieg, und Mönch Wilhelmus bannte ihn in das wilde Gebirge.

Göttersdorf

In Göttersdorf zwischen Gergweis und Willing ist eine unterirdische Kapelle. Sie war ursprünglich ein Götzentempel. Der wurde von den in der Gegend ansässigen Römern neben einem Warttum erbaut. Der Kapellenraum ist in Nischen eingeteilt. Diese Nischen lassen darauf schließen, dass der Tempel den 7 Planeten gewidmet war. In den Nischen standen ihre Bilder. Die christlichen Glaubensboten verwandelten den Tempel in ein Gotteshaus zu Ehren des Hl. Georg. Der Römerturm wurde zu einer Ritterburg umgebaut. Die Ritter starben aus, die Burg verfiel. Nur die Kirche weiß noch von vergangener Zeit.

Liebhaber nach Joseph Klämpfl

Die Mönche von Aldersbach und der Teufel

Das Fieberbrünnlein bei Reisbach

Auf der Höhe am linken Ufer der Vils, wo das Schloß Warth hinüberschaut nach dem uralten Markt Reisbach, stand schon in grauer Zeit eine Burgwarte. Der Wartgraf war noch ein Heide, aber Herz und Sinn seiner jungen Tochter Wolfsindis hatte der Strahl des Christentums getroffen; sie schwor heimlich dem Heidenglauben ab.

Da ward sie für das Opferfest im heiligen Hain an der Hochstraße von der greisen Heidenpriesterin zu einer der singenden Jungfrauen ausersehen. Wolfsindis widerstand, und das Geheimnis kam an den Tag.

Des Vaters Zorn kannte keine Grenzen. Bei ihrem Leben befahl er ihr, dem Heidengott zu singen. Als Wolfsindis im Beisein der Heidenpriesterin demütig, aber standhaft den Gehorsam verweigerte, knirschte der Wartgraf vor Wut.

Sein Herz ward zu Stein. Er ließ das schönste rote Roß einfangen, das er für das Opferfest bestimmt hatte, und die abtrünnige, ungehorsame Tochter mit den Füßen an dessen wallenden Schweif binden. Er selbst gab dem stampfenden Tier einen sausenden Hieb, daß es wild über den Wartberg herabjagte, die lebende Last mit gelöstem Haar durch Staub und Stein hinter sich herschleifend.

Das Roß rannte über die Vils. An einem Hügel bei Reisbach hielt es. Dort stand mit einem Mal in lichtem Schein eine Gestalt, die löste mit wundmalbedeckten Händen die Jungfrau vom Schweif des Rosses. Dann schöpfte sie Wasser aus einer rieselnden Quelle und schüttete es auf das zerfetzte, blut- und staubbeschmutzte Gesicht der Geschleiften – und verschwand.

Leute kamen zur Quelle und fanden die tote Jungfrau, der Leib in Blut und Schmutz, zerrissen und zerschunden, aber das Antlitz rein und weiß wie Schnee.

Der Leichnam ward an Ort und Stelle begraben. Bald wallfahrteten Christen an die Stätte, anfangs heimlich, dann vor aller Augen. Es kamen auch Kranke und Wunde, tranken von dem Wasser und wuschen sich, und, o Wunder, sie wurden heil.

Das blieb den Heiden nicht verborgen. Sie erschienen an dem Quell, und als sie die Wunderkraft des Wassers sahen, schwuren sie ihrem alten Glauben ab und wurden Christen.

Heute noch, nach tausend Jahren, sprudelt das Brünnlein. Ein Kirchlein ist darüber gebaut. Fromme Leute vilsauf und -ab besuchen es, waschen sich mit dem Wasser die Augen oder die kranken Glieder, trinken es und nehmen es auch mit nach Hause. Sie nennen die Quelle das Fieberbrünnlein. Und Wolfsindis wird als eine Heilige verehrt.

Nach Georg Kolnberger

Der feurige Mann

Ein Knecht mußte Tag um Tag von Geisenhausen nach Holzhausen Bier fahren. Um 2 Uhr nachts fuhr er ab. Die Straße führt durch einen Wald, und im Wald erschien wie aus dem Nichts ein feuriger Mann, schritt vor dem Fuhrwerk her und leuchtete ihm. Am Ausgang des Waldes verschwand er wieder. So geschah es Tag für Tag drei Jahre lang.

Der Knecht und der Feurige, keiner sprach ein Wort.

Nach drei Jahren, als der feurige Mann dem Fuhrwerk wieder durch den Wald geleuchtet hatte, verschwand er nicht, sondern setzte sich auf den Wagen und fuhr mit. Als sie beim Wirt in Holzhausen ankamen, stieg er ab und machte das Hoftor auf. „Vergelt's Gott!" dankte nun der schweigsame Knecht. Da leuchtete der Hof wundersam auf; der feurige Mann verschwand und ward nie wieder gesehen

Nach Dirmeier

Frauensattling bei Vilsbiburg

Als Ludwig der Bayer nach der Schlacht bei Ampfing 1322 seinen hohen Gefangenen, Friedrich den Schönen von Österreich, nach Regensburg führte, kamen sie durch das grüne Waldtal an der Vils. Es war ein furchtbar schlechter Weg, so daß das Roß bei Gerzen urplötzlich unter ihm zusammenstürzte und durch kein Mittel wieder emporgebracht werden konnte. Ja, selbst der königliche Reiter saß, vor Schrecken ganz betäubt, auf dem gestürzten Rosse wie angeheftet. Da meinte der edle Marschalk, nun Stallmeister des Königs, Parzival von Sporneck, das sei ein deutliches Zeichen vom Himmel, wie Ludwig der Himmelskönigin noch Dank schulde; denn sie hat ihn ja im Gewühl der Schlacht mit ihrem Schilde gedeckt, ihm so das Leben gerettet. Solche Vermahnung ward von dem Sieger mit Dank angenommen, und er tat nun das Gelübde, an dem Orte des Unfalls der lieben Frau ein schönes Betkirchlein aufzurichten. Alsbald soll sich des Königs Roß ermannt haben und freudig wiehernd aufgesprungen sein. Ludwig erbaute das Kirchlein und schenkte das edle Roß samt herrlichem Sattel und Zeug zur neuen Kapelle, welche davon den Namen hat.

Hormayr, Goldene Chronik

Die Erdmännlein von Stephansbergham

Der Mesnerbub von Stephansbergham bei Geisenhausen war ein Sonntagskind. Als er einmal Gebet geläutet hatte und über den Friedhof nach Hause gehen wollte, erblickte er im Kirchenfenster einen Lichtschein. Er kehrte zurück und schaute durchs Schlüsselloch der Kirchentüre.

Da sah er etwas Seltsames. Am Hochaltar brannte eine Kerze. Ein kniegroßes Männlein lehnte an einen Leuchter ein Leiterchen an und stieg hinauf, die zweite Kerze anzuzünden.

Aus dem großen runden Loch am Boden zur Rechten des Hochaltars aber, das man in der Kirche zu Stephansbergham seit undenklichen Zeiten sehen kann und das in einen unterirdischen Gang übergeht, krabbelte und wimmelte eine ganze Schar solcher Menschlein: es waren Erdmännlein. Jedes hatte ein Schürzlein um und trug ein Gerät in der Hand, einen Besen, einen Wischer, eine Bürste, einen Schaber oder sonst ein nützlich Arbeitsding. Sie zerstreuten sich im heiligen Raum. Jedes ging an eine Arbeit. Sie scheuerten den Boden, staubten Bilder und Schnitzwerk ab, schabten das Tropfwachs von den Kirchenstühlen, rieben und rutschten, wischten und putzten, als ging es um die Wette. Flink verging ein Stündlein, und der Mesnerbub guckte sich die Augen müd.

Endlich war alles blink und blank, da legten sie ihr Gerät vor das große runde Loch, nahmen die Schürzen ab und setzten sich in die Kirchenstühle vor dem Hochaltar. Eines aber mit schneeweißem Bart holte in der Sakristei das Evangelienbuch, stellte sich mitten vor die anderen hin und las ihnen das Evangelium vor. Nach dem Amen standen alle auf und ordneten sich zwei zu zwei. Sechs holten vom Hochaltar die brennenden Kerzen herab und stellten sich mit ihnen vor die übrigen Erdmännlein, denn nun hielt man eine Prozession. Langsam und feierlich schritt der Zug die Kirche auf und ab, so langsam, daß dem Mesnerbub zuletzt die Augen zufielen; er glitt sanft auf das Pflaster nieder, schlief ein und schlief fest bis zum Morgen.

Als am Morgen der Vater kam, den Tag anzuläuten, erstaunte er nicht wenig, den Buben schlafend im Läuthaus zu finden, noch mehr aber, als ihm dieser erzählte, was er gesehen hatte. Der Alte schaute durchs Schlüsselloch, er sah kein Erdmännlein. Er sperrte die Kirchentür auf: keine Kerze war angezündet, keine kürzer gebrannt – aber blitzsauber sah die Kirche aus, spiegelnd und rein, wie sie am Abend nicht gewesen. –

Wer ein Sonntagskind ist und in Stephansbergham nach Gebetläuten durchs Schlüsselloch schaut, kann die Erdmännlein auch heute noch sehen. Die Kirche ist auch heute noch jeden Morgen blank, daß man auf dem Fußboden essen könnte, und der Mesner braucht sie niemals zu fegen.

Nach Pollinger,

Aus Landshut u. Umgebung. Oldenbourg, München

Die Erdmännlein von Stephansbergham

Der Holzwucherer

Zu Münchsdorf an der kleinen Vils lebte ein reicher Bauer, der dem Holzwucher ergeben war. Ein Häuselmann, der eine Stube voll Kinder und eine kranke Frau hatte, bat ihn einige Stöcke ausgraben zu dürfen, wo die Stämme geschlagen worden waren. Aber der Bauer tat, als ob er ihn nicht hörte, und redete von der teueren Zeit.

Dem Häuselmann starb das Weib. Der Bauer verkaufte Stämme und Scheiter um schweres Geld und ließ die stehengebliebenen Stöcke für sich selbst reuten. Einen Stockholzhaufen um den andern schichtete er auf im Walde und vor seinem Hause.

Nach einigen Jahren geschah es, daß ihm ein Holzfuhrwerk über die Brust ging. Er wurde nach Hause getragen. Nun fiel ihm der arme Häuselmann ein, den er einmal abgewiesen hatte. Vielleicht wäre es von Vorteil für Leib oder Seele, wenn er ihm nun doch noch einige Stöcke schenkte.

Er schickte nach ihm.

Aber die Tür ging auf und ein Holzhändler trat ein. Der hatte wie ein Jäger eine Feder auf dem Hute. Er fing mit dem Kranken zu handeln an wie mit einem Gesunden, und dieser vergaß seine Krankheit und forderte und feilschte wie in heilen Tagen. Der Fremde bot hohen Preis und kaufte einen Stockholzhaufen um den andern und endlich den letzten Stock, der noch in der Erde steckte.

Für den Häuselmann blieb keine Wurzel mehr übrig.

In der Nacht starb der Bauer. Er wurde reich und mit allen Ehren begraben.

Aber von der Zeit an hörte man zu mitternächtiger Stunde vor den Holzhaufen bei seinem Hause ein dumpfes Schlagen, wie wenn man mit Keil und Hacke Stöcke klieben würde. Man vernahm es laut und deutlich.

Das war der Holzwucherer.

Nach Müller

Der Mann mit dem Grenzstein

Ein Bauer von Buch ging spät abends vom Wirtshaus nach Hause. Er kam an einer Wiese vorbei, auf der es seit Menschengedenken nicht geheuer ist. Dort sah er einen Mann mit einem Grenzstein ruhelos umherwandern. Der Mann rief immerfort:

„Wo muß ich ihn hintun? Wo muß ich ihn hintun?"

Der Bauer, ein wenig angeheitert, besann sich nicht lange, sondern sagte: „Dummer Teufel! Dahin halt, woher du ihn genommen hast!"

Da entfiel dem Mann der schwere Stein und leicht und laut rief er: „Vergelt's Gott!" Und er verschwand und ward nie wieder gesehen.

Nach Guggeis

Das Irrlicht

Ein junger Bauer von Buch ging nachts von der Jagd heim. Er kam an der Grenzsteinwiese vorbei und sah ein flackerndes Irrlicht.

Der Bauer war ein Mann, der sich nicht so leicht fürchtete, und schritt auf das Licht zu. Aber er konnte es nicht erreichen, es schwebte immer vor ihm her.

Aufgebracht darüber, blieb er stehen, legte das Gewehr an und feuerte einen Schuß ab auf das leuchtende Flämmlein. Da erhielt er einen Schlag ins Gesicht, daß er zu Boden stürzte. Erst morgens kam er zitternd nach Hause; seine Haare waren schneeweiß geworden.

Nach Guggeis

An der Isar

Das versunkene Schloß

Der Burgherr von Unterbubach war ein unmenschlicher Raubritter. Er hatte einen Sohn, der ihn an Grausamkeit noch übertraf. Dieser bat den Vater einmal, er möchte die Raubritter von Oberspechtrain und Wildturn mit ihren Frauen zu einem Gelage einladen. Der Vater tat es; sie kamen.

Als alle beisammen saßen, sieben an der Zahl, der Unterbubacher mit Frau und Sohn, der Oberspechtrainer und der Wildturner mit ihren Frauen, stand der junge Unterbubacher auf. Er ging in das Verlies und holte einige Gefangene herauf, um sie zur Unterhaltung der Gäste durch das Fenster in den tiefen Hof zu stürzen.

Unter den Gefangenen aber war ein gottbegnadeter Mann. Dem war nicht verborgen, was mit ihm und seinen Gefährten geschehen sollte. Er machte mit frommer Hand über sich und die anderen das hl. Kreuzzeichen. Ruhig stand er auf der Fenstermauer. Als der junge Blutmensch zustieß, breitete er die Arme aus. Da war es, als trügen ihn diese wie Flügel, und er flog ohne Schaden zu nehmen über die Wallmauern hinaus ins Freie.

Und so wie er schwangen sich auch seine Gefährten durch die Luft, als wäre ihr Leib ohne Schwere.

Durch die Burg aber ging im selben Augenblicke ein Zittern; sie fing an zu sinken und versank jäh und lautlos in die Tiefe.

Auf dem Hügel, wo sie gestanden, sieht man jedes Jahr im Allerseelenmonat sieben Lichter. Das sind die sieben Seelen der Versunkenen. Wer, ganz frei von Sünde, in der Allerseelennacht hinkommen würde, könnte sie erlösen.

Nach Kurz

Das versunkene Schloß

Die heilige Kümmernis

(Gundihausen, Ergolding, Mirskofen)

Es war ein heidnischer König,
Der hatt' ein christlich Töchterlein
Mit Wangen wundersamen;
Viel Königssöhne kamen:
„Willst meine Braut du sein?"

Da flehte sie herzinnig:
„Hilf, Jesu, mir im Himmelreich,
Verunstalt' meine Wangen!"
Und milde Worte klangen:
„So sei mir selber gleich!"

Ein Wunder ist geschehen:
Des holden Kindes Wangen zart
Am andern Morgen waren
Bedeckt mit rauhen Haaren,
Mit einem Heilandsbart.

Da schrie vor Zorn der König:
„So machst du mich zu Schimpf und Spott
Vor allen Landen und Reichen –
Nun sollst noch mehr du gleichen
Deinem gekreuzigten Gott!"

Er ließ ans Kreuz sie schlagen.
Da hing sie hoch in Todesnot,
In grobem Kleid zum Hohne –
Die Schühlein nur und die Krone,
Die waren von Golde rot.

Und als ihr Aug' gebrochen,
Da kam des Wegs ein Geiger arm:
„Ach, daß du mußtest sterben!
Mein Weib und Kind verderben
Vor Hunger. Daß Gott erbarm'!"

Er setzte sich zum Kreuze
Und strich ein ernstes Lied dazu,
Die Tote traurig zu grüßen –
Da löste von ihren Füßen
Sich still ein goldner Schuh.

„Nun hat die Not ein Ende!
Hab Dank, du mildes Königskind!"
Doch wie zur Stadt er schreitet,
Heraus zum Tore reitet
Der König mit Gesind.

„Den Schuh hast du gestohlen!"
Sie schleppen ihn zum Hochgericht.
„Herr König, eh' ich sterbe,
Um eine Gnad' ich werbe,"
Der arme Geiger spricht.

„Laßt spielen mich noch einmal
Vor Eurem Kinde, bleich und tot!"
„Gewährt sei dir die Bitte!"
Er zieht in Volkes Mitte
Zum Kreuz in letzter Not.

Und schaut empor in Trauer
Zur Toten, spielt ein Lied dazu
In Weisen, ernsten, süßen:
Da fällt von ihren Füßen
Der andre goldne Schuh.

Der Atem stockt der Menge.
„Das hat der Christengott vollbracht!“
Der König stumm verharret,
Sein Aug’ ist wie erstarret
Vor solcher Wundermacht.

Da beugt sein stolzes Haupt sich.
Vom Rosse steigt er in den Sand
Und geht zum toten Kinde
Und nimmt es sanft und linde
Vom Kreuz mit eigner Hand.

Es war ein heidnischer König,
Der hatt’ ein christlich Töchterlein.
Das Volk stand voll Erbarmen –
Das tote Kind in den Armen,
So ritt er zur Stadt hinein.

Der Erhardistein

St. Erhard predigte in der Gegend von Altheim die Frohbotschaft. Es traf zu, daß zur selben Zeit sich von Weide zu Weide das Vieh legte und verendete. St. Erhard sollte helfen; dazu aber war er nicht gesandt.

Da hetzte ein Heidenpriester die Leute gegen ihn auf, und diese trachteten ihm nach dem Leben. Der Gottesmann floh an die Isar. Als die Verfolger hinter ihm schon die Speere erhoben, trat er am Ufer hinab auf eine Steinplatte, die in den Fluß ragte. Und siehe, der Stein löste sich, glitt in die Wellen, schwamm wie ein Floß über die Isar und hielt an der Stelle, wo nahe oben auf der Höhe Frauenberg steht. Dort oben baute St. Erhard eine Kapelle und ließ als Altarstein die Steinplatte hinaufbringen.

Später wurde anstatt der Kapelle eine Kirche gebaut, und heute lehnt der Stein, der fast 1 Meter im Geviert mißt, am Eingang derselben und wird als Erhardistein von alt und jung verehrt und geküßt.

Nach Pollinger

Die Wunder des hl. Kastulus

1. Das versteinerte Brot

Im Jahre 826 brachten zwei Mönche die Gebeine des hl. Kastulus, eines römischen Kriegsmannes, in unser Land. Als sie unterwegs auf einer Wiese rasteten, schickte ihnen die Müllerin, der die Wiese gehörte, durch ihre Tochter ein Laibchen Brot hinaus. Es war eine teuere Zeit, und die Tochter gönnte den beiden das Brot nicht. Sie setzte die Zähne ein, um ein Stück herunterzubeißen. Im selben Augenblick wurde das Brot zu Stein.

In Silber gefaßt, ist das versteinerte Laibchen mit den Spuren der Zähne heute noch in einem Schrein der Sakristei der Martinskirche zu Landshut zu sehen.

2. Das Glockenwunder

Nach achtmal hundert Jahren, im Jahre 1604, wurden die Gebeine des hl. Kastulus in großem, festlichem Zuge von Moosburg nach Landshut in die Martinskirche getragen. Fahnen wehten, Gebet und Gesang erscholl, Priester schritten im Prunkgewand. Als der Zug sich der Stadt näherte, siehe, da bewegten sich auf einmal die Glocken des Martinsturmes von selbst und begannen anzuschlagen. Kein Glöckner zog an den Seilen. Es war seltsam und feierlich zu hören. Weithin klang es, und alles Volk war tief ergriffen.

Nach Pollinger

Herzog Christoph bei der Landshuter Hochzeit

In Landshut lebte einmal ein Herzog, der war so reich, daß er sogar dem Kaiser Geld leihen mußte. Er hatte nur einen einzigen Sohn. Als er diesen mit einer polnischen Königstochter verheiratete, sagte er: „Es soll eine Hochzeit werden, wie es auf der Welt noch keine gegeben hat." In seiner Schreibstube lagen große Stöße Pergament; darauf schrieben die Schreiber Tag und Tag viele hundert Briefe an alle Fürsten und Ritter, damit sie mit ihren Frauen und Töchtern zur Hochzeit kämen, und draußen vor der Türe warteten schon die Boten, um die Briefe fortzutragen. Im großen Rathaussaal ließ der Herzog alle Wände mit rotsamtenen Teppichen behängen, damit dort die Brautleute mit den Hochzeitsgästen tanzen könnten. Den Marktplatz davor ließ er zu einem Turnierplatz für die Ritter umwandeln. Die Bauern mußten viele Wagen voll Sand in die Stadt fahren und den Marktplatz damit überschütten. Außen herum machten die Zimmerleute Schranken und bauten aus Balken und Brettern hohe Tribünen für die Zuschauer. Das größte Leben aber war in den herzoglichen Küchen. Da standen vor dem großen Herd 146 Klosterköche, die hatten die Ärmel hoch aufgestürzt und weiße Schürzen vor die Kutte gebunden und kochten und brieten so viel Rinder und Kälber, Schweine und Lämmer, Hühner und Gänse, Wildbret und Fische, daß man in der ganzen Stadt den guten Geruch davon wahrnahm.

Als nun nachmittags um zwei Uhr das Hochzeitsmahl zu Ende war, gingen die Fürsten und Ritter in ihre Herbergen, um sich für das Turnier anzuziehen. Unter den Hochzeitsgästen war auch ein Herzog von München, der hieß Christoph, und die Leute nannten ihn den Springer. Der war der stärkste unter allen Rittern und hatte eine so riesige Kraft, daß er mit seinen Händen einen drei Zentner schweren Stein schleuderte und zwölf Fuß hoch springen konnte. Wie nun die Herolde durch die Straßen ritten und vor jeder Herberge, wo eine Fahne flatterte oder ein Ritterschild hing, die Ritter zum Turnier riefen, da sprach Christoph zu seinen Knappen: „Rüstet mich!" Sie umwickelten ihm die Knie mit Filz und legten um die Hüften und den Unterleib gepolsterte Binden. Dann zogen sie ihm über die lederne Hose eine Eisenhose an, die ganz aus Ringen gemacht war. Nun schnallten sie ihm mit Riemen Stück für Stück den eisernen Panzer an und bekleideten ihn mit dem seidenen Waffenrock. Sodann legten sie ihm den Gürtel um mit dem Schwert und befestigten die Sporen an seinen Füßen. Zuletzt setzten sie ihm den schweren Turnierhelm auf mit dem wallenden Federbusch. Draußen vor der Türe wieherte schon das Pferd. Christoph ging hinaus und sprang in den Sattel. Die Knappen reichten ihm noch den Schild und die schwere Turnierlanze; dann ritt er auf den Marktplatz, wo die Ritter vor den Schranken warteten. Von einem Fenster des Rathauses sah der Kaiser herab. Sobald dieser winkte, durchhieben die Grieswärtel die Sperrseile vor den Eingängen, und Trompeter und Pfeifer fingen an zu blasen. Paarweise ritten die Ritter in die Schranken und hielten auf der Rennbahn einen feierlichen Umzug. Mit gesenkter Lanze begrüßten sie den Kaiser und die Fürsten und neigten sich vor der Braut, die mit sechs polnischen Damen am Fenster lehnte.

Mit der Braut war auch Rimatovski gekommen, der Herzog von Lublin. Er war ein riesiger Mann von ungewöhnlicher Stärke und galt als der tapferste im polnischen Heere. Er saß auf einem großen, schwarzen Hengst, dessen Hufe mit Silber beschlagen waren, und sah lachend dem Speerstechen der deutschen Ritter zu. „Das ist ein Kinderspiel", rief er laut: „Tausend Gulden biete ich dem, der mich im scharfen Rennen überwindet!" Die deutschen Edelleute ärgerten sich über die Prahlerei des Polen, mehrere traten vor und wollten sogleich mit ihm kämpfen. Wie nun alles durcheinanderschrie und ein großer Lärm entstand, da gebot der Kaiser Ruhe und bestimmte den Herzog Christoph zum Kämpfer. Der Pole betrachtete seinen Gegner vom Fuß bis zum Kopf und lachte über ihn, denn Christoph war erst 26 Jahre alt und man sah ihm seine Stärke nicht an. Er war wenig über Mittelgröße, schlank und hager und von dunkler Hautfarbe. Beide sollten vor dem Kampfe untersucht werden, ob sie sich keines betrügerischen Vorteils bedienten. Aber der Pole und seine Begleiter prüften Christophs Pferd, seine Rüstung und seine Waffen so lange, daß es darüber Nacht wurde. Da setzte der Kaiser das Speerstechen auf den nächsten Tag fest. Die polnischen Edelleute prahlten über die Stärke ihres Landsmannes in der ganzen Stadt herum, und alle Leute waren so neugierig auf den Ausgang, daß man abends beim Tanze schier von nichts anderem redete.

Am anderen Tage nach dem Mittagessen war der Turnierplatz noch stärker als zuvor mit Zuschauern besetzt. Von allen Fenstern blickten die Hochzeitsgäste herab auf die Rennbahn, wo Christoph und der Pole schon vor den Schranken warteten. Der Kampfpreis war ein Kleinod im Werte von hundert Gulden. Als der Trompeter das Zeichen gab, ritten die beiden Kämpfer in die Schranken und neigten sich vor den hohen Herrschaften. Dann reichten sie sich die Hand zum Gruß und stiegen von ihren Pferden, um sich von den Kampfrichtern, zur Hälfte Polen und zur Hälfte Deutsche, untersuchen zu lassen. Obwohl die Polen Herzog Christoph sehr genau ansahen, entdeckten sie bei ihm nichts Unrechtes. Dagegen fanden die Deutschen bei dem Polen unter dem Sattel ein breites Leder, das ihnen verdächtig vorkam und geändert werden mußte. Nun sprang Christoph frei vom Boden weg in voller Rüstung über den Rücken seines Schimmels in den Sattel. Der zornige Pole aber konnte nur mit großer Mühe und mit Hilfe seiner Knappen wieder auf sein Roß kommen. Dann stellten sich beide an den Eingängen einander gegenüber und warteten unter lautloser Stille der Zuschauer auf den Beginn des Rennens. Als der Herold winkte, gaben sie ihren Rossen die Sporen und rasten mit eingelegten Lanzen in wildem Galopp auf einander los. Herzog Christoph fing den Stoß des Polen mit starker Brust auf und wankte nicht im Sattel, auch sein Schimmel hielt stand und sprang vorwärts. Der Stoß des Polen war so heftig gewesen, daß dessen Lanze zersplitterte. Den Polen aber hatte die Wucht des deutschen Stoßes zwei Mannslängen weit in den Sand geschleudert. Vom Fall des gepanzerten Riesen dröhnte der Erdboden; der Rappe bäumte sich, taumelte und fiel schwer auf seinen Herrn. Die Zuschauer klatschten mit den Händen und jauchzten und jubelten; die Damen warfen Blumen und Kränze auf den Sieger herab. Und als er vom Rosse stieg, da kamen der Kaiser und die Fürsten herab auf die Rennbahn, umarmten ihn und überhäuften ihn mit Lob.

Als man den Polen aufrichtete und ihm den Helm öffnete, sah man Blut aus seinem Munde fließen. Er stöhnte vor Schmerz und vermochte sich nicht zu bewegen; halbtot wurde er von der Rennbahn in seine Herberge getragen. „Nur mit Hilfe des Teufels hat mir der hagere, schwarze Herr das Herz entzwei gestochen," sagte er. Herzog Christoph besuchte ihn, erkundigte sich teilnahmsvoll nach seinem Befinden und schenkte ihm den Siegespreis und ein schönes Pferd dazu.

Scheiblhuber,

Deutsche Geschichte. Erzählungen nach Quellen. II. Die Neuzeit.

Korn, Nürnberg

Des Schwedenkönigs Ring

Es war im Schwedenkriege. Die Schweden hatten eben Landshut eingenommen, und ihr König Gustav Adolf wollte die Stadt als Sühne für Magdeburg zerstören. Alle Bitten des Rates und der Bürgerschaft schienen vergeblich zu sein.

Mittags hielt der König auf der Ländwiese vor der Stadt ein großes Gastmahl. Er führte eben ein Glas mit Wein zum Munde, als bei völlig heiterem Himmel ein furchtbarer Donnerschlag geschah – der Diamantring am Finger des Königs war zersprungen. Der König erbleichte; denn ein lappländischer Zauberer hatte ihm gesagt, sein Leben werde so lange dauern wie sein Ring. Nachdenklich und von einer bösen Ahnung ergriffen, verließ der König das Gastmahl und die Wiese und begab sich in die Stadt zurück, wo der Rat und die Bürgerschaft neuerdings um Gnade flehten. Der König ließ sich erweichen und zog mit einer Brandschatzung von 100 000 Talern ab. – Nach einem halben Jahr fiel er in der Schlacht bei Lützen.

Pollinger

Landshuts Wappen

Leicht hast du aa davo scho g'hört, leicht hast as g'segn scho selm,
Daß Landshuat in sein Wapp'n tragt drei echte Rittahelm.
Dö ham dö Burga sich vadeant durch eahna Tapferkeit.
Sechshundert Jahr is iatzt bal her; dös is a lange Zeit!
Fürscht Otto z' Landshuat hat im Sterb'n sei'm Suh als Vormund b'stimmt.
An Herzog Ludwig, daß do's Land in fremde Händ nöd kimmt.
Da schöne Herr vo Österreich, der will dös gar nöd leid'n.
Er spitzt ja selm auf d'Vormundschaft. Iatzt soll da Kriag entscheid'n.
Bei Gammelsdorf, da treffa's z'amm. Da Habsburga, der lacht:
„Da boarisch Adel hilft zu mir, da muaß i's g'winna, d'Schlacht."
Da Wittelsbacha aba denkt: „I streit für mei guats Recht,
Und d'Burga haltn treu zu mir, die fechtn aa nöd schlecht."
Vo Landshuat, Moosburg, Ingolstadt, vo Straubing kemma's zamm;
An Ludwig laßns nöd im Stich, wia sie's vasprocha ham.
Und grad wia Löbn hauas drei, d'Landshuata no vor alln;
Viel Ritter liegn am Schlachtfeld durt, da hört ma koan mehr prahln.
Da boarisch Herzog ist voll Freud und hat dö Burga g'ehrt,
D'Landshuata durch drei Ritterhelm. „Dö" – moant er – „dö san's wert."

Dr. Alois Dreyer

Landshuter Stolz

Steil auf dem Hügel thront die Trausnitz; im Tale mitten aus dem Giebelgewirr der Stadt reckt sich hoch auf der Martinsturm, so hoch, daß ihn sein unterer Kranz in gleicher Höhe wie die Trausnitz umwindet. Stolz und fest steht er da, sturmtrotzend, denn der Mörtel zum Bau ward statt mit Wasser mit Isarwein angemacht.

Ihr Bürger von Landshut, warum habt ihr den Turm so hoch aufgebaut? „Warum? Daß wir denen auf der Trausnitz in die Schüssel sehen können!"

Das Lichtlein vom Soldatenhölzl

Vor noch nicht langer Zeit ging an einem abgeschafften Feiertage nachts ein Knecht aus Obergangkofen von Landshut heim. Als er sich außerhalb Siegerstetten dem Soldatenhölzl näherte, wo in Kriegszeiten Gefallene in einem gemeinsamen Grabe beerdigt worden waren, sah er am Marterl ein Lichtlein. Das hob sich vom Bildstöckl weg, ging vor ihm her und zeigte ihm den Weg nach Obergangkofen.

Beim ersten Hause des Dorfes teilen sich die Wege, der eine führt ins untere Dorf, der andere ins obere zum Wirtshaus. Das Lichtlein ging dem unteren Dorfe zu, wo der Knecht bedienstet war. Dieser aber folgte nicht, sondern wandte sich nach dem oberen und trat in die Wirtsstube.

In derselben Nacht wurde er vor dem Wirtshaus erstochen.

Weiher

Der Teufel vor der Bierschenke

In einem Ort bei Landshut waren eines Tages mehrere Studenten in einer Bierschenke versammelt. Sie beschlossen, daß der, welcher das Bier aus dem Keller über der Straße herzutrage, nichts zu zahlen habe.

Einer von ihnen erbot sich, das Geschäftchen zu übernehmen. Als er aber die Tür öffnet, um Bier zu holen, sah er einen so dichten Nebel davor, daß er erschrocken zurücktrat und sagte, er gehe um keinen Preis Bier holen. Da sprach ein anderer, ein kühner, frecher Bursche: „Ei! Und wenn der Teufel vor der Tür stände, ich schaffe uns Bier!"

Er ging und riß die Tür auf. Aber im selben Augenblicke wurde er von unsichtbarer Hand gefaßt und durch die Luft weggeführt. Alle sahen es und hörten ihn jämmerlich schreien.

Weit ab von dem Orte auf freiem Felde wurde er auf die Erde niedergesetzt. Zitternd ging er nach Hause. Von der Stund an schwor er dem Bier ab und hat keinen Tropfen mehr getrunken.

Nach Spengler

Der Teufel vor der Bierschenke

Der Schatz in der Römerschanze

Bei Ast, im Walde versteckt, ist eine Römerschanze. In derselben vergrub im 30jährigen Krieg ein wucherischer Bauer vor den Schweden sein Geld. Diese brannten seinen Hof nieder; er selbst und die Seinen starben an der Pest. Niemand erfuhr von dem verscharrten Gelde.

Der Bauer fand im Grabe keine Ruhe. Nach 100 Jahren erschien er im grauen Totenhemd einem Schmiedgesellen von Buch, der nachts an der Römerschanze vorüberging, sagte ihm von dem vergrabenen Schatze und wie er ihn heben könne, wenn er in der Thomasnacht um 12 Uhr an der Schanze grabe. Er könne noch zwei andere Gesellen mitnehmen, aber keiner von den Dreien dürfe bei der Arbeit umsehen oder reden, komme daher, was wolle.

Mit Schaufeln und Pickeln begaben sich der Schmiedgeselle und 2 Gefährten in der Thomasnacht an die Schanze. Der Geselle zog mit der Schaufel um die Stelle einen Kreis, über den keiner hinaustreten durfte. Schlag 12 Uhr fingen sie an zu graben. Auf einmal war es ihnen, als raste ein schweres Fuhrwerk daher und auf sie zu, um sie zu überfahren, aber die Drei ließen sich nicht stören.

Nach einer Weile hörten sie, wie ein Haufen wilder Rosse daher sprengte, sie mit den Hufen zu zerstampfen – die Drei schauten nicht um und gruben weiter. Schon stoßen die Pickel auf den eisernen Deckel einer Kiste.

Da stand plöztlich außerhalb des Kreises ein vierter Mann und schaute ihnen zu. Er hatte einen Bockfuß, und unter dem Hütlein mit der Hahnenfeder guckten Hörner hervor. Die drei Gesllen überlief es eisig, aber sie schaufelten schweigend weiter.

Der Schmiedgeselle hatte eine rote Joppe an.

Kalt zeigte der Bocksfüßige auf ihn hin und sagte: „Der mit der roten Joppe gehört mir!"

„Warum denn gerade ich?" erwiderte der Schmiedgeselle.

Kaum war ihm das erste Wort entschlüpft, polterte die Kiste mit dem Schatze in die Tiefe. Der Teufel stürzte ihr nach mit höllischem Gelächter.

Nach Guggeis

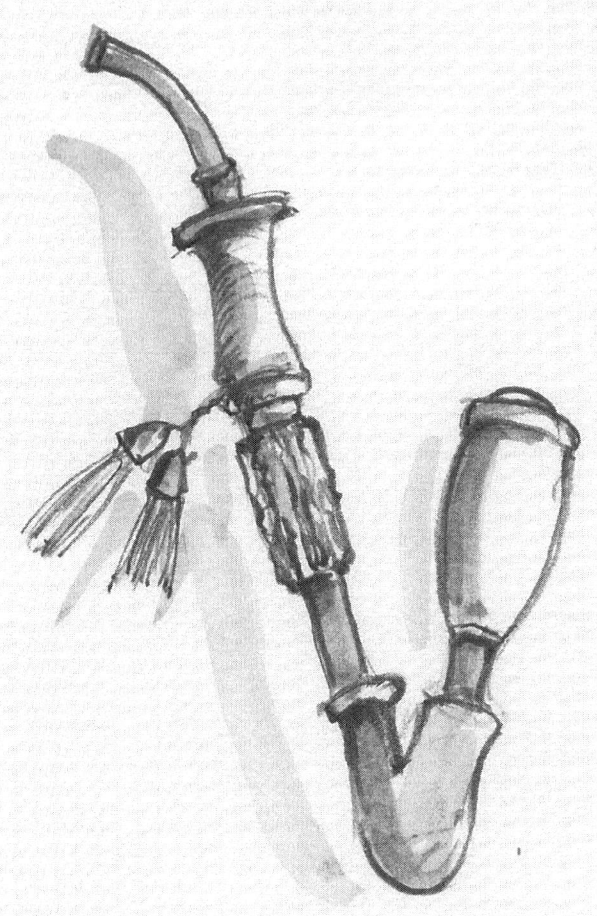

Die Pfeife

Die Mooskuh

Es war ein bayerischer Herzog, der umritt einen großen Teil des moosigen Grundes zwischen Landshut, Münchnerau und Eugenbach und zog ihn dadurch zu seinem Schloß Simmelsee.

Das geschah zu Unrecht.

Der Herzog starb. Von dem Tag an geistert in dem umrittenen Gelände ein gespenstisches Tier, die Mooskuh. Sie ist groß und grau. Wer auf sie zugeht, kommt ihr nicht näher. Am hellen Tage kann man sie weder sehen noch hören; aber im Zwielicht des Abends grast sie nebelhaft und in finsteren Nächten brüllt sie zuweilen auf, so schrecklich, daß sich in Eugenbach und Münchnerau die Erde rührt und die Fenster zittern. Man hat ihr Wehegebrüll schon bis nach München gehört.

Nach Pollinger

Die Pfeife

Der Urgroßvater des Hinterhaiders von Hinterhaid war einmal in Edelmannsberg und machte sich erst spät nachts auf den Heimweg. Unterwegs ging ihm die Pfeife aus. Plötzlich sah er nicht weit von sich einen feurigen Mann. Halblaut und im Spaß sagte er: „Du kommst gerade recht, mir die Pfeife anzuzünden!"

Kaum hatte er das gesagt, war der feurige Mann auch schon zur Stelle. Dem Hinterhaider, der die kalte Pfeife noch im Munde hatte, verging alle Lust, nun im Ernst um Feuer zu bitten. Aber siehe, die Pfeife glühte von selber an. Der Hinterhaider sah es und tat zögernd einen Zug; sie rauchte.

Da war der Hinterhaider wieder der alte Ichfürchtmichnicht und sagte herzhaft: „Vergelt's Gott!"

Der feurige Mann stieß einen Freudenruf aus, verschwand und war nicht wieder zu sehen.

Nach Pollinger

An der Laber

Der Mordbach

Die Linie Geiselhöring-Abensberg war zu Anfang des 5. Jahrhunderts von der Stablesianischen Reiterei besetzt, an die sich die 3. Kohorte der Briten anschloß, die zu Abensberg ihres Tribuns Hauptquartier hatte. Im Jahre 404 gingen die deutschen Völker rnit 500 000 unter Rhadagais über die Donau; der „röm. Herzog“ Generidus soll ihnen landeinwärts eine 2. Linie entgegengesetzt haben. Als Überbleibsel derselben gelten Mallersdorf, Roning, Kirchberg, Altenburg, Rottenburg, Paring, Schierling, Sintsbuch. An letzterm Ort soll beim Kampfe so viel Blut geflossen sein, daß der Seitenbach Mordbach hieß.

Otto Geyer

Die Erdmännlein von Oberroning

Bei Oberroning steht der Schloß- oder Venetsberg. In seinem Innern ist ein Schatz verborgen, der von Erdmännlein bewacht wird. Ein unterirdischer Gang führt bis ins Wirtshaus des Dorfes herab.

Durch diesen kamen einst die Erdmännlein in Keller und Wirtsstube. Aber sie erschienen nicht zu Trunk und Schmaus und ließen sich auch nicht bei Tage blicken; nachts, wenn alles zur Ruh gegangen, trippelten sie aus dem Gang, spülten Krug und Teller ab und fegten jeden Winkel blitzrein. Beim ersten Hahnenschrei ging's wieder zurück in den Berg.

Die braven Wirtsleute ließen sie gewähren; nur manchmal schauten sie ihnen heimlich durchs Schlüsselloch zu.

Da sahen sie denn einmal, daß die Wämslein ihrer lieben Hausgeisterehen gar alt und arg zerschlissen waren. Dies tat ihnen leid und sie wollten sich erkenntlich zeigen. Die Wirtin ließ die Näherin kommen und für jedes der Erdmännlein ein neues Kleid machen. Die fertigen Kleidchen legte sie Samstag abends auf die Stühle und Bänke der Wirtsstube.

Aber den Erdmännlein darf man nichts schenken. Als sie des Nachts wieder angerückt kamen und die neuen Kleider sahen, da fingen sie an bitterlich zu weinen. Sie rührten keines an, sondern kehrten schluchzend um, verschwanden in ihrem dunklen Gang und ließen sich nie wieder sehen.

Nach Pollinger

Das Glockental

In dem Jahr, in dem Rottenburg und Ergoldsbach von den Schweden verbrannt wurden, kam ein Schwedenhaufen auch nach Niederroning und nahm die Glocke vom Turm. Kanonen sollten daraus gegossen werden. Aber die Niederroninger riefen die Männer der umliegenden Gehöfte zu Hilfe, verfolgten die Schweden, holten sie ein, erschlugen sie und vergruben die Glocke. Es war nicht weit vom Dorf in einem kleinen Tal.

Die Glocke war vor den Schweden sicher. Aber als ein Jahr oder zwei darauf überall im Land die Pest ausbrach, starben in Niederroning und ringsum alle Einwohner bis auf zwei Schwestern. Die wußten wohl das Tal, wo die Glocke vergraben lag, nicht aber die Stelle.

Die Glocke liegt noch heute unter der Erde; das Tal heißt seit jener Zeit das Glockental. Wer zur rechten Stunde auf dem rechten Platz stünde, der hörte sie läuten.

August Göschl

„Kinderl, friert's enk nöt?"

Der Müller von Pfaffendorf bei Brunnen ging einstmals in einer Winternacht aus dem Wirtshause zu Brunnen über den Freithof den nächsten Weg nach seinem Dorfe. Es war eine grimmige Kälte und er hatte einen Pelzrock an. Wie er vor der unschuldigen Kindlein Grabstätte vorbeikam, rief er neckend ins Häuslein hinein: „Kinderl, friert's enk nöt?" und ging dann seines Weges fort. Er war aber noch nicht hundert Schritte weiter, als er hinter sich etwas rascheln und rauschen hörte, und wie er umschaute, sah er unzählige Lichtlein, die ihm nachschwirrten. In der Angst warf er den Pelzrock von sich, um geschwinder laufen zu können. So kam er ganz ermattet und erfroren in Pfaffendorf an. Des andern Tages wollte er seinen Pelzrock holen; er traf ihn aber nicht mehr an der Stelle, wohl aber sah er, als er über den Freithof ging, auf jedem Grab ein Flöcklein von seinem Pelz liegen, so daß er sich das Seinige wohl denken mochte.

Aurbacher

Das Hemdlaken

Das Hemdlaken

Ein Bauersbub aus Pfaffendorf, der ging vom Wirtshause in Brunnen um die Mitternachtsstunde über den Freithof nach Hause. Da sah er, wie auf jedem Grabe ein Laken von einem Hemd an dem Kreuze hing, und er vermutete gleich, was er von den Leuten gehört, daß die Geister aus ihren Gräbern gestiegen, um ein Tänzlein aufzuführen im Mondschein. Nun hatte er oft gehört, daß, wenn sich dann ein Lebendiger mit gespreizten Beinen über das Grab stelle, der Geist nicht mehr in sein Grab zurückkönne. Das wollte der Bauernbub in seinem Übermute versuchen, und er tat´s. Auf den letzten Schlag zwölf Uhr verschwanden nun alle Laken auf den Gräbern; nur auf dem, wo er stand, blieb es hängen. Das war ihm ein Zeichen, daß er den Geist gebannt habe. Aber seine Schadenfreude dauerte nicht lange; denn es befiel ihn eine große Angst, die immer mehr wuchs, so daß ihm schier die Sinne schwanden. Er konnte nicht mehr vom Grabe weg, so sehr er sich anstrengte und es oftmals versuchte. Morgens, als der Mesner zum Gebetläuten kam, vernahm der ein Ächzen und Stöhnen vom Grabe her. Er ging hinzu und trug den halbtoten Menschen hinweg, der jedoch bald darauf gestorben ist. Der Geist aber wird wohl noch vor dem Gebetläuten in das Grab gekommen sein, denn es wurde kein Laken an dem Kreuze gesehen.

Aurbacher

In die Hallertau

Der Hallertauer Schimmel

Auf einem Bergvorsprunge zu Neuhausen bei Mainburg stand eine Kapelle mit einer Wetterglocke, welche geläutet wurde, wenn ein Gewitter im Anzuge war. Einmal verirrte sich ein Schimmel in die Kapelle; die Tür fiel zu, und der Schimel war gefangen. Die Hallertauer müssen dazumal nicht überfromm gewesen sein, denn es kam lange Zeit niemand zur Kapelle. Da mußte der Schimmel verhungern.

Bald wußte ein Spaßvogel das Geschichtlein besser: Die Türe fiel nicht zu, sondern wurde sachte geschlossen von einem, der den Schimmel einstellte, weil ihm die Grünen auf den Fersen waren. Leider kam dieser eine am gleichen Tag noch selbst hinter Schloß und Riegel, und als er den Schimmel endlich hätte abholen können, hatte dieser das Davonlaufen auf immer abgetan. Da sang ein Schelm das böse Wallfahrtslied:

O heiliger Sankt Kastulus
Und Unsre Liebe Frau,
Ös werdt's uns wohl no kenna,
Mir han vo da Hallertau.

Ferdn hand uns neune g'wen,
Hoia hand uns grad no drei;
Sechse hand bein Schimmi stehl'n,
Maria, steh eah bei!

Nach Pollinger u. a.

Der Halllertauer Schimmel

Entstehung der Salvatorkirche bei Mainburg

Vom Markte Mainburg führt eine Freitreppe von 170 Stufen auf den Salvatorberg, welchen eine anmutige Kirche krönt.

Einstmals stand auf der Höhe eine Feste, die Maienburg. An einem heißen Sommertag lenkte ein Schloßknecht eine Fuhre Heu in den Burghof. Weil die Pferde nicht kräftig genug anzogen, fluchte der Knecht in gräßlicher Weise. Ein Geistlicher, der mit dem Allerheiligsten des Weges kam, verwies es ihm. Erzürnt darüber, schlug der Knecht dem Priester den Kelch mit den heiligen Hostien aus der Hand, sodaß sie am Boden zerstreut herum lagen. Im gleichen Augenblicke fuhr ein Blitz aus einer Gewitterwolke. Die Erde spaltete sich und verschlang Knecht, Roß und Wagen. Die Hostien wurden wieder gesammelt. Zur Sühne des Frevels aber ward über dieser Stelle eine Kirche erbaut. Die Vertiefung, in welcher der Knecht verschwand, ist heute noch inmitten der Kirche sichtbar. Sie ist mit einem Gitter überdeckt und kann nie ausgefüllt werden.

Otto Geyer

Die Sage vom Öchslhof

Unweit Mainburg liegt auf den die Abens begleitenden Höhen der Wald Öchslhof. Durch diesen fuhr einst ein schwer beladener „Kammerwagen“. Auf demselben saßen neben dem Fuhrmann auch Braut und Näherin. Der Weg war schlecht und hatte stellenweise große Vertiefungen. Der Wagen schwankte manchmal recht bedenklich. Um diesem Übel an einer besonders holperigen Stelle abzuhelfen, verfiel man auf den Gedanken, die Löcher des Bodens mit Brotlaiben auszufüllen, denn damals war es Sitte, der Braut einige Brotlaibe mitzugeben. Als die Räder über die Brote gehen sollten, standen sie plötzlich stille, und der Wagen fing an zu sinken. In wenigen Augenblicken war er mit Roß und Insassen in der Tiefe verschwunden.

Elisabeth Bremauer

Hinab zur Donauenge

Der Graf von Abensberg

Kaiser Heinrich der Heilige hielt sich einst in Regensburg auf und ließ ein großes Jagen ansagen. Wer geladen war, hatte mit einem Knecht zu kommen.

Der Aufruf erging auch an den Grafen Babo von Abensberg. Der grauhaarige Graf kam mit einer Reiterschar angesprengt.

Stolz ritten sie heran; mit Ehrfurcht grüßten sie den Kaiser.

Der aber zog die Brauen zusammen und sprach: „Graf Babo, ehrt Ihr so mein Gebot: Ein Knecht folge seinem Herrn!"

Da erwiderte Graf Babo: „Ein Abensberger mißachtet kein Gebot des Kaisers. Ein Knecht folgt mir, ein Knecht folgt jedem meiner Söhne: Zweiunddreißig Söhne weihe ich dem Dienste meines kaiserlichen Herrn!"

Da ward es hell im Angesicht des Kaisers. Er sah sich die Reihe von Babos Buben an, der älteste ein reifer Mann, der jüngste noch ein Knabe, und sprach: „Ich fasse Euch beim Wort, Graf Babo: die Sprossen Eures Stammes seien mir willkommen!"

Und er nahm die zweiunddreißig in seinen Schutz und sorgte kaiserlich für sie. Einern der jungen Abensberger schenkte er den Bogenberg bei Straubing mit großen Ländereien. Der junge Abensberger hieß fortab der Graf von Bogen. Die Grafschaft wuchs, daß sie von der Feste Donaustauf bis zu der auf dem Natternberg, vom Osser bis zum Dreisessel reichte. Und das Geschlecht der Grafen von Bogen war mächtig und berühmt viele hundert Jahre.

Nach Ludolf Silvanus

Die Teufelsmauer

Einmal begehrte der Teufel von unserem Herrgott ein Stück Land. Auf sein Drängen gab unser Herrgott nach und sprach ihm so viel Land zu, als er in einer Nacht, von Mitternacht bis zum ersten Hahnenschrei, ummauern könne. Aber der Teufel nahm das Stück Land zu groß und der Hahn krähte, bevor die Mauer vollendet war. Aus Zorn hierüber zerstörte der Teufel wieder, was er soeben erst aufgebaut, und die Trümmer heißen noch heute Teufelsmauer.

Pollinger

Der Schmied von Niederulrain

Gegen Ende des Dreißigjährigen Krieges lebte in dem Dorfe Niederulrain bei Neustadt a. d. Donau ein Mann, der wegen seiner Körperstärke weit und breit bekannt war. Er hieß Schmid und war auch seines Zeichens ein Schmied. In seiner Familie war es Brauch, daß man vor dem hundertsten Lebensjahre nicht ans Sterben dachte.

In jenen kriegerischen Zeiten kam eines Tages ein feindlicher Reiter – ein gar großer, hagerer, bärtiger Gesell – nach Niederulrain in die Schmiede und begehrte vom Schmied, daß er seinem Gaul ein neues Hufeisen aufschlage. Das Hufeisen war bald fertig. Ehe es der Schmied aber aufnagelte, faßte es der Reiter mit beiden Händen und – krach – hielt er in jeder Hand ein Stück des Eisens. Er warf beide dem Schmied vor die Füße, schmähte die schlechte Arbeit und verlangte, ihm für sein gutes Geld eine gute Arbeit zu liefern. Seelenruhig trat der Schmied wieder an die Esse, und es dauerte nicht lange, da war unter den Schlägen seines kräftig geführten Hammers ein neues, und wie der Schmied meinte, tadelloses Hufeisen fertig. Doch auch dieses bestand die Probe nicht. Wie ein Zündholz zerbrach es in der nervigen Hand des Reiters, der ein Hufeisen wollte, mit dem er, wenn nötig, auch durch die Hölle reiten könne.

Der Schmied fertigte nun mit allem Eifer und aller Kunst das dritte Hufeisen und legte dabei eine solch unverdrossene Miene an den Tag, daß der streitsüchtige Reiter sich wunderte und weidlich ärgerte. Er war aber vor die rechte Schmiede gekommen.

Das 3. Hufeisen war vollendet. Der Reiter prüfte es, fand es stark und gut und ließ es seinem Pferde aufnageln. Als das Pferd beschlagen war, warf er dem Schmied als Arbeitslohn einen blanken Taler hin. Schmunzelnd besah sich der Schmied den schönen blinkenden Taler, nahm ihn sodann zwischen die Finger – krach – das Geldstück war entzwei. Der Reiter stutzte. Der Schmied aber warf ihm die Stücke hin, meinte, daß der Taler von schlechtem Silber sein müsse, und verlangte einen anderen. Der Soldat zögerte, besann sich aber und gab ihm, wenn auch widerwillig, das 2. Geldstück, das er selber nicht allzu sauer verdient hatte. Der Schmied wollte den Spaß noch nicht zu Ende gehen lassen. Er blinzelte den anderen heiter an und schon war auch der 2. Taler entzweigebrochen. „Ihr bezahlt mir meine gute Arbeit mit lauter schlechter Münze," sprach er ruhig zum Reiter, „gebt mir einen anderen Taler!" Des Reiters Geduld ging zu Ende; seine Rechte näherte sich dem Griffe der Wehre, die er an der Seite trug. Der Schmied aber wandte sich ohne Eile der Wand zu, an der eine schwere Eisenstange lehnte, und als wollte er sich an eine neue Arbeit machen, ergriff er die Stange und trat vor den Amboß, wo der Reiter stand.

Als der Reiter die sichere Haltung des Schmiedes gewahrte, ließ er seinen Sarraß in Ruhe und griff ärgerlich in seinen Gürtel, um den geforderten Taler hervorzuholen. Prüfend drehte der Schmied das Geldstück zwischen den Fingern und warf es auf den Amboß, das es hell erklang. „Das hat einen guten Klang," sagte er lächelnd. „Ihr habt jetzt meine Arbeit richtig bezahlt, wie es einem Reitersmann geziemt. Sollte Euer

Gaul wieder einmal ein Hufeisen benötigen und Ihr gerade in dieser Gegend sein, gedenkt des Schmiedes von Niederulrain!“

Der Reiter, der doch auch das Herz am rechten Fleck gehabt zu haben schien, schaute dem hünenhaften Schmied von Niederulrain nicht unfreundlich ins Gesicht, schüttelte ihm die Hand zum Abschied, schwang sich auf sein Pferd und jagte von dannen.

Hans Schwartz

Die lederne Brücke bei Weltenburg

Zur Zeit Christi herrschten die Römer über alles Land südlich der Donau. Gestützt auf die große Militärstadt Abusina (Eining), stießen sie auf das Nordufer vor und schnürten das Gelände bis an den Untermain durch einen Grenzwall, der von Hienheim weg längs der Altmühl auf den Jura dahinlief, vom übrigen Germanien ab.

Wie sollte nun aber die notwendige Verbindung zwischen den beiden Stromufern sichergestellt werden, wenn Eisstoß, Hochwasser, Sturm oder Brand die feste Brücke zerstörten? Die Überlieferung weiß es: Durch Erbauung einer ledernen Brücke. Die hohen, steilen Flußufer bei dem heutigen Weltenburg eigneten sich dazu vorzüglich. Die in allen Kunstfertigkeiten wohlgeübten Römer spannten an der engsten Stelle zwei armsdicke, aus Lederriemen gedrehte Taue über den Strom. Wegen ihrer großen Länge verliefen diese nicht waagrecht, sondern in einem nach unten gedrückten Bogen dahin. Wäre der Boden der Brücke auch so nach unten gebogen gewesen, so hätte man schwer über die Brücke gehen können. Es galt die Senkung auszugleichen. Auch hier wußten die geschickten italienischen Baukünstler Rat. Sie knüpften an die Haupttaue in schrittlangen Abständen lotrechte Lederträger, die nächst den Ufern länger waren und auf Stromesmitte zu immer kürzer wurden. Je ein Träger des linken und des rechten Taues hingen sich gegenüber. Durch ihre unteren Enden wurden Querhölzer gesteckt und darüber Längspfosten gelegt. Auf diese Weise entstand ein Laufsteg. Kräftige Gurten hielten den luftigen Bau zusammen.

An den äußeren Rändern ersetzten Führungsseile das Geländer. Eine mitten im Weg laufende Leine erlaubte, daß man zu gleicher Zeit ohne gegenseitige Behinderung hin und her gehen konnte. Weitere Verbindungsstränge verflochten das Ganze zu einem vielmaschigen Netz, das den Unbilden von Wind und Wetter zäh widerstand.

Mag die Ausführung des Werkes auch lange beansprucht haben – die Römer schreckten vor keiner Mühe und Geduldprobe zurück. Hatten sie doch das Sprichwort erfunden: Rom ist auch nicht an einem Tage erbaut worden.

Otto Liebhaber

Der Erbauer der Befreiungshalle

Ein bayerischer Königssohn erhob zur Zeit, da Deutschland in napoleonischer Knechtschaft schmachtete, in offener Gesellschaft sein Glas und rief: „Nieder mit Napoleon!“ Er stieß mit dem Glas so kräftig an, daß es zersprang. Der Franzosenkaiser erfuhr davon und schwor: „Dieser Prinz wird nie den Thron besteigen!“

Der Vater des Prinzen war mit Napoleon verbündet. Der Sohn mußte sich wider Willen der Gewalt beugen und sogar auf des Mächtigen Seite eine Truppe führen. In der Schlacht bei Abensberg i. J. 1809 besetzte er zur rechten Zeit wichtige Höhen. Dann ritt er Napoleon, der sich verspätet hatte, entgegen und brachte ihm die Meldung. Der Kaiser, der den großen Wert dieser Meldung augenblicklich erkannte, sprach lobend, aber von oben herab zum Prinzen: „Gut, mein Prinz, auf diese Weise wird man König!“ Den Königssohn brannten die hochmütigen Worte, aber er schwieg.

Viele Jahre vergingen. Der große Kaiser wurde gefangen, auf eine kleine Insel im weiten Meer verbannt und starb in der Einsamkeit.

Da erhob sich auf dem Michelsberg bei Kelheim, von dem aus man hinübersieht auf jene Höhen von Abensberg, ein ragender Rundbau. Der ihn errichtete, war der bayerische Königssohn. Er hatte den Thron bestiegen. Auf dem Eingang der Halle stehen die Worte: „Den deutschen Befreiungskämpfern Ludwig I., König von Bayern.“

Das Hochwasser bei Oberndorf

In Oberndorf bei Abbach war nach dem grimmigen Winter von 1845 in der Karwoche eine große Überschwemmung. Die reißenden Wogen bedeckten alle Wege und drangen in die Gärten und Häuser. Die Leute mußten in die höher gelegenen Räume flüchten und konnten nur auf Kähnen miteinander verkehren. Der ganze Ort schwebte in Gefahr unterzugehen. In der Kirche schwammen die Betstühle herum. Die im Vorhaus aufgestellte Muttergottes nebst den herumhängenden Verlöbnistafeln kam in Gefahr von den Wildwassern fortgespült zu werden. Besorgt sann der Heiligenpfleger auf Abhilfe. Unter eigener Lebensgefahr drang er in einer Zille auf den Fluten zur Kirche vor, nahm die Madonna vom Eingang weg und stellte sie zu ihrem besseren Schutz auf den Hochaltar.

Nun geschah etwas Wundersames: Das Bild blieb auf dem Hochaltar nicht stehen, sondern kehrte selbst wieder auf den gewohnten Platz im Vorhaus zurück. Ehrfurchtsvoll beugte sich der Pfleger dem höheren Willen und ließ nun das Bildnis im überfluteten Kircheneingang stehen.

Und siehe, das Wasser stieg nicht mehr. Es fiel und wich wieder in sein Bett zurück.

Otto Liebhaber

Die Wichtlein von Kelheim

Vieles wissen die Umwohner von Kelheim im Altmühltale und an den Ufern der Donau von den Zwergen oder Wichtlein zu erzählen, welche den Menschen als wahrhaft gute Geister in allen Hantierungen gerne hilfreich und nützlich werden. So hat schon mancher Knecht, der abends müde von dem halb bestellten Acker nach Hause fuhr, des Morgens das frische Feld gepflügt und wohlbestellt gefunden, weil die Wichtlein des Nachts mit Eggen, Pflügen und Säen für ihn gearbeitet hatten. Und so haben sie sich oft mit dem Mähen der Wiesen den Dank der Landleute verdient. Denn wenn die Mäher sich abends zur Ruhe begaben, haben die Wichtlein frischweg ihre Sensen zur Hand genommen, und am Morgen lag zur Freude der Schnitter das Heu auf den Wiesen. Gar gerne haben die Zwerglein auch in den Häusern die Geschäfte der Hausfrauen und Mägde übernommen. Ist einmal die Magd mit dem Aufräumen und Scheuern nicht fertig geworden oder war das Abspülen der Geschirre vergessen oder die Wäsche nicht ganz zum Aufhängen gekommen, gleich haben sich die Wichtelmännlein abends eingefunden und die Nacht mit Spülen und Schwenken, Wischen und Waschen, Fegen und Scheuern bis zum anbrechenden Morgen gar emsiglich zugebracht, also daß man Rahmen und Schränke wohl gereinigt und Schüsseln und Teller spiegelblank angetroffen.

Die Wichtlein müssen eine Freude daran haben, den Menschen etwas Gutes und Liebes zu erweisen. So wollen Landleute oftmals unter Bäumen im Felde gedeckte Tischlein mit Braten, Wein und Fischen angetroffen haben. Andere sind mit alten (römischen) Goldmünzen von ihnen beschenkt davongegangen. Besonders haben sie sich den Schiffern hold und freundlich erwiesen. Einmal hat ein Schiffer in der Gegend von Weltenburg „Hol über!" rufen hören. Als er hinübergefahren, ist ein Zwerg in den Kahn gestiegen; und doch sind am jenseitigen Ufer viele Hundert ausgestiegen und hat jeder sein richtiges Fahrgeld bezahlt.

Alexander Schöppner

Die Wichtlein von Kelheim

Das Kreuz auf dem Weg

Herzog Heinrich von Bayern, der Vater Heinrichs des Heiligen, hielt in Abbach Hof. Er war in jungen Jahren stolz und streitsüchtig, weshalb er den Beinamen „der Zänker" erhielt. Da er sich gegen den Kaiser auflehnte, wurde er abgesetzt. Nachdem er ruhigeren Sinnes geworden war, erhielt er das Zepter zurück. Er stand nun treu zu Kaiser und Reich und verwaltete sein Land gerecht und mild, so daß sich sein früherer Beiname in den „der Friedfertige" verwandelte.

Oft ging der gottesfürchtige Herrscher zu Fuß nach Regensburg und betete dort im Emmerams-Kirchlein schon mit Sonnenaufgang. Auf dem Wege wird heute noch ein steinernes Kreuz und eine Ruhebank gezeigt, wo Heinrich auf seinem Kirchgange gerastet haben soll.

Liebhaber nach Heinrich Zschokke

„post sex"

Herzog Heinrich der Heilige lebte am liebsten in seinem Geburtsorte Abbach. Von hier aus ging er häufig am frühen Morgen nach Regensburg, um dort in St. Emmeram der Messe beizuwohnen. Auf dem zweistündigen Marsche machte er bei Großberg gerne Rast auf einer Steinbank, die wir heute noch dort finden und welche die Jahreszahl 996 trägt. Diese Bank führt die Bezeichnung „Kaiser Heinrichs Rast". Sobald Heinrich bei der Kirche St. Emmeram ankam, öffnete sich immer das äußere Tor der Kirche wundersamerweise von selbst. Das innere Tor wurde stets vom Mesner geöffnet.

Aber eines Tages fühlte sich Heinrich auf seinem Gang nach Regensburg müde und er nahm aus einem Zaune am Wege einen Stecken, um ihn als Stütze zu benützen. Der Zaunstecken war fremdes Gut. Siehe, von nun an öffnete sich das Außentor der Emmeramskirche nie mehr von selbst.

Einmal kam Heinrich sehr frühe bei der Kirche an. Da der Mesner sich etwas verspätete, wartete er geduldig und betete in der Vorhalle der Kirche am Grabe des Bischofs Wolfgang. Da erschien ihm plötzlich der hl. Wolfgang selbst und zeigte mit seiner Rechten nach der Wand, an welcher Heinrich mit Erstaunen in blendender Flammenschrift die Worte „post sex" erblickte.

Heinrich sprach: „Will mich denn der Herr so bald erhören?" Denn er glaubte, die Erscheinung zeige ihm den baldigen Tod an. Sechs Stunden vergingen, aber Heinrich war noch am Leben.

Ebenso verflossen sechs Wochen und sechs Monate, und so verbrachte er schließlich sechs Jahre in ernsten Todesgedanken. Da starb der deutsche Kaiser. Die Wahl der Fürsten machte Heinrich als Heinrich II. zu dessen Nachfolger, und nach sechs Jahren, gerade am Jahrestage jenes seltsamen Erlebnisses in St. Emmeram, wurde er in Rom zum Kaiser gekrönt.

Michael Waltinger

Da und dort

Die Sage von den drei Frauen

Die alten Bajuwaren verehrten drei Schutzfrauen, die Nornen. Kinder, Erwachsene und Absterbende, jede Altersstufe hatte ihre Schutzfrau. Einbet, die Schöpferin des Lebens, Verbet, die mühselige uncl beladene Pilgerin, und Volbet, die Vollenderin, die am Grabesrand steht, hießen die drei. Weil sie heilsame Räte gaben, nannte man sie auch Heilrätinnen, d. h. Ärztinnen. Ihren Sitz hatten sie an einem heiligen Brunnen. Die Bajuwaren brachten ihnen Menschenopfer dar.

Es ist nicht verwunderlich, daß Christenmenschen solchen grausamen Glauben bekämpften und verlachten. Ein uralter Spottvers auf diese drei heidnischen Schutzfrauen tönt noch heute aus Kindermund:

Dort ob'n auf 'm Berg steht a neugebaut's Haus,
Da schauen drei Frauen zum Fenster heraus:
Die erst' ist die Schopfet, die zweit' ist die Kropfet,
Die dritt' hat koi Zähnt, is nicht wert, daß ma' s' nennt.

Otto Liebhaber

Der Schwedentrunk

Eine der teuflischen Martern, welche die Schweden an den Bauern verübten, um ihnen das Geständnis verborgener Habseligkeiten abzupressen, war der Schwedentrunk. Die Soldaten banden dem Opfer ihrer Raubsucht Hände und Füße und warfen es dann rücklings nieder. Einer der Unmenschen näherte sich dem am Boden liegenden mit einem Besenstiele oder sonst einem dicken Stecken und stieß ihm denselben mit aller Gewalt in den Mund, sodaß die Zähne mit einbrachen. Inzwischen hatten die Helfershelfer Mistjauche, Urin, faules Wasser oder sonst einen ekelhaften Trank herbeigetragen und gossen davon dem Unglücklichen durch den aufgesperrten Mund so lange ein, bis er wie ein überfüllter Schlauch zu platzen drohte. Dann sprangen mehrere der Peininger mit beiden Füßen auf den angeschwollenen Bauch und trieben so die eingeschluckte Flüssigkeit gewaltsam wieder zum Mund heraus.

Heute noch, nach Jahrhunderten, flucht der niederbayerische Bauer seinen Quälern, die nicht wie Menschen, sondern schlimmer als wilde Tiere waren.

Der Schwed ist kommen,
Hat alles mitgnommen,
Ha d' Fenster eing'schlag'n,
Hats Blei davontrag'n,
Hat Kugeln draus goss'n
Und d' Bauern erschoss'n.

Nach Adalbert Müller

Der überzählige Eisschütze

Die Männer eines Dorfes waren an den Lostagen, an denen kein Spiel angerührt werden soll, beim Eisschießen. Einige setzten das lustige Spiel auch nach dem Gebetläuten fort. Da kamen sie mit einemmal darauf, daß ein Stock zuviel im Spiel war. Der Eisstock sah den übrigen zum Verwechseln ähnlich, sodaß die Spieler Mühe hatten, ihn zu erkennen und auszuscheiden. Aber so oft sie ihn auch wegstießen, bei jedem neuen Schub stellte er sich wieder ein und jedesmal saß er möglichst nahe bei der Taube. Einige Eisschützen versuchten über die Erscheinung lose Spässe zu machen, doch sie fanden mit ihren Reden keinen Beifall. Da wurden auch sie stutzig und schwiegen. Niemand sprach es aus, aber alle ahnten, wer der unsichtbare Schütze sei. Das Schießen wurde abgebrochen, und still ging man auseinander.

Otto Liebhaber

Das Ende der Drud

Zwischen Dreikönig und Lichtmeß gingen etliche Mädchen nach dem Abendessen wie gewöhnlich in die Rockenreise. Sie hatten das Spinnrad und den mit Har (Spinnflachs) behangenen Rocken bei sich. Auch von andern Höfen trafen junge Leute ein. Nun wurde unter allerhand ernsten und heiteren Gesprächen gesponnen, dann vertrieb man sich die Zeit mit Singen, Spielen, Scherzen. Darüber wurde es sehr spät. Die Schwarzwälderuhr mahnte immer eindringlicher zum Aufbruch. Endlich, nachdem die nächste Kunkelstube ausgemacht, empfahlen sich die Gäste. Der Heimweg führte sie an einem einschichtigen Hause vorüber. Da sagte Walburga, die eine der Dirnen: „Ich muß noch ein wenig da hineingehen. Wartet fein, bis ich herauskomme, schreit mir aber ja nicht!“ Weil sie indes länger ausblieb, als die Geduld ihrer müden und schläfrigen Begleiterinnen bei dem heraufgestiegenen Unwetter reichte, so riefen diese der Abwesenden unwillig: „Walbl, so geh halt!“ Auf den Ruf hin sahen sie plötzlich, daß der Körper der Abgängigen, der – ohne von ihnen bemerkt worden zu sein – die ganze Zeit nebst ihrem Spinnrad und Rocken unbeweglich vor der Haustüre gelehnt war, wie ein Mehlsack zur Erde plumpste. Die Seele des Mädchens hatte den Leib verlassen, das Beschreien die Rückkehr in denselben unmöglich gemacht, sodaß die Unglückliche dem Tode verfallen war.

Otto Liebhaber

Der Pestwurm

Der Pestwurm

Da war im Unterland ein Bauernhof, darin hauste ein garstiges Tier, größer als ein Wurm, einem Krebse nicht unähnlich, aber lutdürstig und giftig. In einem Loche unter dem Fensterbrett hatte es seinen Unterschlupf. Nachts kam es heraus. Es kroch in Kleider und Betten, verdarb die Eßvorräte und sogar die Luft und verpestete das ganze Haushalten. Den Schläfern versetzte es mit seinem Stachel einen hinterlistigen Stich, dabei tödliches Gift in die Wunde spritzend. Das Gestochene bekam Hitzen, verfiel in Krämpfe und starb zwölf Stunden später unter entsetzlichen Qualen. Der Ahnherr und die Ahnl wurden auf diese Weise schnell nacheinander dahingerafft. Niemand getraute sich das Tier umzubringen und so dem Elend zu steuern. Erst als die rüstige Bäuerin heute rot und morgen tot war, nahm sich der Baumann das Herz und verstopfte eines Morgens das Loch, als sich der Pestwurm eben zurückgezogen hatte. Nun war Ruhe. Der Wurm konnte sein unheimlich Werk nicht mehr vollbringen.

Otto Liebhaber

Die Milchhexe

In einem Dorfe brüllten die Kühe eines Bauern bei der Nacht ständig und am Tage gaben sie recht wenig Milch. Kein Zweifel, das Vieh war verhext. Da riet dem Mann jemand, er soll bei Mondschein eine Birkenrute schneiden und damit die Milch peitschen. Der Bauer hatte schon allerhand Mittel versucht und wollte nun auch diesen Rat noch befolgen. Nützt es nichts, so schadet's auch nicht. Wie der Bauer zum Rutenschneiden hinausging, begegnete ihm ein schwarzer Pudel, der ihn auf dem ganzen Wege verfolgte und unter fürchterlichem Augenrollen umkreiste. Der Mann ließ sich jedoch von seinem Vorhaben nicht abbringen, mied den Anblick des unheimlichen Tieres nach Möglichkeit und brachte die Rute richtig nach Hause. Da goß er frisch gemolkene Milch auf einen hölzernen Teller und peitschte sie tüchtig aus.

Am andern Tag mußte die Nachbarin zum Bader gehen, weil sie eine arg verschundene Hand hatte. Jeder Streich auf die Milch hatte die Hexe getroffen und blutig geschlagen.

Otto Liebhaber

Die Kinderhexe

Die Kinderhexe

In einem Dorfe des Unterlandes war eine Frau durch die Geburt ihres Erstgeborenen beglückt worden. Es war Abend, der Mann von einem dringenden Geschäftsgange noch nicht zurück und sonst keine Seele im Hause. Die Mutter entschlummerte mit ihrem Liebling am Herzen unversehens. Da schlich eine Hexe zur Tür herein und nahm ihr das Kindlein weg. Darüber erwachte die Frau. Ihr erster Gedanke galt dem Kleinen, und als sie es vermißte, rief sie voll Angst und Schreck: „Wo ist mein Kind? Heilige Mutter Anna, mein Kind!"

Siehe, da mußte die Hexe von dem Raube ablassen. Der von innerer Unruhe zu eiliger Heimkehr angetriebene Gatte fand das Kindchen just vor der Türschwelle, als er in die Stube trat, aus der die Unholdin entwichen war.

Otto Liebhaber

Der Bilwerschneider

Gehen zwei Männer durch die Flur. Sie kommen an ein Kornfeld und bleiben stehen. Durch das ganze Feld zieht quer, kaum zwei Spannen breit, ein Strich, an dem von den Halmen nur die untere Hälfte steht; die obere mit den Ähren ist spurlos verschwunden. „Da schau her", sagt der eine, „der hat den Bilwerschnitt, dem vergönnt man das Getreide nicht!"

Pollinger

Im oberen Bayerischen Wald erzählt man vom Bilmes oder Bilmesschneider, der durch das Ährenfeld gespenstert.

Die Flickschuhe

Der Schusterlenz war mit seiner Arbeit nicht teuer und konnte doch alljährlich einige Goldfuchsen in die Stadt zur Bank tragen und dafür Sparscheine kaufen, welche Zinsen gaben. Als er starb, war für sein Weib gesorgt. Das Häuschen zwar gehörte ihr nicht, aber sie konnte auch weiterhin in einem Stüblein darin wohnen.

Da kam der erste schwere Krieg und nach ihm der falsche Friede. Die Alte ging jeden Tag an den Grabhügel des Mannes und erzählte ihm von der Not, die nun doch gekommen war; die Sparscheine hatten ihren Wert verloren und waren einer um den andern für Brot dahin gegeben worden. Nun war auch ihr letztes Paar Schuhe zerrissen, der neue Meister sollte sie flicken.

Der Schusterlenz wartete in seiner Grube eine Woche, zwei Wochen, aber das Weib kam nicht mehr. Da stand er auf und ging selbst zum neuen Meister. Der war eben nicht zu Hause, aber ein Gesell saß auf dem Stuhl, schusterte und rauchte eine Zigarette. Ohne ein Wort zu sagen, setzte sich der Alte auf des Meisters Sitz, nahm aus einem Haufen bresthafter Schuhe just das Paar der Schusterlenzin und fing an zu flicken.

Der Geselle schaute ihm verwundert zu, dann aber dachte er, es würde wohl ein neuer Geselle sein, den der Meister eingestellt habe, und schusterte und rauchte weiter. Über eine Weile meinte er: „Die Schusterlenzin hätte ohne dich noch lange auf ihre Schuhe warten können!" Der Alte gab keine Antwort. Als aber die Schuhe geflickt waren, sauber und gut, schaute er zum Gesellen auf und fragte: „Was wird der Meister für die Arbeit verlangen, Kamerad?"

„Zweimal soviel, als das Paar einmal neu gekostet hat," war die Antwor.

„Was willst du, das Leder ist teuer!"

„Warum ist das Leder so teuer?"

„Weil die Haut durch viele schlaue Hände geht, bis sie zu Leder wird."

„Und wer bezahlt den Schuh?"

Der Geselle lachte: „Das Geld nimmt man der Hand, die gespart hat; vor dem Sparen mög' mich Gott bewahren." Und er glühte eine neue Zigarette an und reichte auch dem Alten eine hinüber. Der sah erst gar nicht hin, dann aber nahm er, wie sich besinnend, die Zigarette, betrachtete sie und sagte: „Dieses Ding ist wohl auch mitschuld, daß das Leder teuer geworden ist!" Er ließ die Zigarette fallen und zertrat sie mit seinen Stiefeln zu Fetzen und Fasern. Und er erhob sich mit den geflickten Schuhen und ging zur Werkstatt hinaus. Der andere blickte ihm böse nach und folgte ihm bis unter die Türe. Er sah ihn über die Stiege zur Stube der Schusterlenzin hinaufsteigen. Nicht lange, so kam er wieder herab; die Schusterlenzin trippelte ihm nach, sie hatte die geflickten Schuhe an. Durchs Fenster sah der Geselle noch, wie die beiden langsam die Straße hinabwandelten, Hand in Hand – das war ein verrückter alter Schustergeselle!

Die Straße führte zum Friedhof. Dort fanden Kirchgänger am Abend die alte Schusterlenzin. Sie saß wie schlafend an das Grabkreuz ihres Mannes gelehnt, still und tot, ein Lächeln im hageren Runzelgesicht.

Schwabenstreich in Niederbayern

Ein Häuslmann wollte auch ein Pferd haben wie die Bauern. Weil aber „der Draht" zum Ankauf eines Rosses nicht langte, so gab ihm ein Schmuser den Rat, sich um ein Roßei zu schauen und es auszubrüten. Und weil ihm der gute Freund auch gleich verraten konnte, wo man diese raren Dinger kriegt, so erstand unser Hiesel für gutes Geld ein solches und brachte es behutsam heim. Der Eierhändler, der mit dem Schmuser unter einer Decke steckte, hatte dem Häuslmann eingeschärft, er möge viel Geduld haben und achtgeben, daß das Ei während des Brütens nicht auskühle, sonst falle in Ewigkeit kein Heiß aus.

Der Häuslmann übernahm das Brutgeschäft selbst. Er zog sich in einen finsteren Winkel hinter der Bodenstiege zurück und brütete mit allem Fleiße. Sobald jemand in seine Nähe kam, zischte er wie ein Gänserich und hielt den Unberufenen fern. Nur das Weib durfte ihm das Essen bringen. So saß er lang und brütete. Wiehern wollte er vor Freude, wenn er an das junge Roß dachte.

Er brütete Tage und Wochen, aber im Ei rührte sich nichts. Es kann nicht verschwiegen werden, daß dem Hiesel endlich doch die Geduld ausging. Eines Tages packte ihn die Wut. Er nahm das Ei, stieg an die Gstöcken hinter seiner Behausung und schleuderte es mit einem kräftigen Fluch hinab in das Gebüsch. Kaum aber rauschte es in den Stauden, so sprang etwas heraus und raste in Kreuz- und Quersprüngen davon. Es hatte flinke Füße wie ein Windspiel, lange Ohren wie ein Esel und ein Stummelschwänzchen schier wie ein Säulein. Hiesel konnte sich nicht entsinnen, jemals ein solches Tier gesehen zu haben, aber er zweifelte keinen Augenblick, daß es durch den Wurf aus dem Ei geprellt worden war und vor ihm floh. Siehst, schalt er sich, nur ein klein wenig wenn ich noch gehockt wäre, dann hätte ich das Vieh gehabt! Und aus Leibeskräften schrie er dem Flüchtling nach: Ihaha – doda! (daher) I bi dei Voda! (Vater)". Aber der kehrte sich nicht daran, und so ist der Häuslmann ohne Gaul geblieben.

Otto Liebhaber

Die faule Kröt

Die faule Kröt

In einer gäuländischen Stadt verlobte sich eine Frau in schwerer Krankheit zu einem Gnadenorte. Sie sprach die vermessenen Worte: „Unsere Liebe Frau auf dem heiligen Berge will ich noch besuchen, und wenn ich auf allen Vieren hinaufkriechen müßte wie eine Kröte!“

Die Frau wurde gesund, verschob aber in guten Tagen ihre Dankfahrt immer wieder. Plötzlich starb sie. Da mußte sie die Wallfahrt als Kröte machen. Das war eine gar lange und mühselige Reise. Die Leute, welche sie sahen, nannten sie eine faule Kröt und wollten sie auf dem ausgetretenen Pfade nicht dulden. Mehrmals wurde sie beiseite geschleudert, und es war ein Wunder, daß sie bei den vielen Mißhandlungen das Leben nicht einbüßte. Um den Verfolgungen zu entgehen, mußte sie große Umwege machen und neue Gefahren bestehen. Untertags setzte ihr die Hitze oft arg zu, und des Nachts erstarrte sie fast vor Kälte. Eine so beschwerliche Fahrt hätte die Frau zu Lebzeiten nicht gehabt. Nach sieben Jahren gelangte sie endlich ans Ziel. Am Allerheiligentage hüpfte sie beim Gloria vor Freude um den Altar herum und faltete die Pratzeln andächtig zum Gebete. Der Priester schob das Tier mit den Füßen sachte zur Seite. Bei der Wandlung kam es wieder. Nun stieß es der Mesner weg. Beim Paternoster erschien es zum drittenmal. Man wußte nicht mehr, was man tun sollte, und ließ es in Ruhe. Nach dem Ite-missa-est verschwand es von selbst. Die arme Seele war erlöst.

Otto Liebhaber

Der dumme Teufel

Es war einmal ein Holzarbeiter, der alle schlimmen Suchten hatte; er trank wie ein Bürstenbinder und fluchte wie ein Roßknecht. Eines Tages im Winter wollte ihn der Teufel auch holen.

Der Holzknecht war im Walde und hatte sich ein Feuer gemacht. Es war bitterlich kalt, und weil viel Schnee lag, ging ihm die Arbeit schlecht von der Hand. Er fluchte wie noch nie. Da stand jählings einer vor ihm, dem er's auf den ersten Blick ansah, daß er ihm an den Kragen wollte, und der es drum gar nicht zu sagen gebraucht hätte: „Du mußt mit!“ Dem Holzknecht fiel jetzt doch das Herz in die Hosen. Bald aber faßte er sich wieder. „Ist schon recht“, sagte er, „ich geh schon mit. Hab mir so schon lang denkt, du mußt bald kommen. Sched möcht ich's noch mein' Weib sagen, daß sie sich nicht zu sorgen braucht, wenn ich nimmer heimkomm.“ Dem Fankerl war es recht, sie gingen mitsammen.

Während die beiden schweigend dahinschritten, wurde die Kälte noch größer. Den Teufel, welcher den grimmigen Frost von der Hölle her nicht gewöhnt war, fror es gräßlich. Er sprang und hüpfte auf den Klauen hin und her wie ein richtiger Bock. Der Holzhauer, als er dies sah, schlug einen großen Umweg ein, blies nur von Zeit zu Zeit in die Hände und war dabei anscheinend ganz guter Dinge. Da fragte ihn der Teufel, der das nicht begreifen konnte: „Was tust denn, daß dich nicht friert?“ Gelassen gab der andere zur Antwort:

„Hinblasen, daß's warm wird!“

Als sie bei der Behausung des Holzknechtes ankamen, war gerade Essenszeit. Die Frau trug auf und lud den Teufel zu Gaste. Weil ihn hungerte, zierte er sich nicht lange, sondern griff nach einem Löffel und fuhr gammerig in die brennheiße Suppe hinein, zutiefst hinunter bis auf den Boden der Schüssel. Es war eine blanke Fleischsuppe und die ist falsch, d. h. sie dampft nicht und läßt sich also gar nichts anmerken, wenn sie auch siedheiß ist. So kam es, daß sich der Böse die Schnauze ordentlich verbrannte und vor Schmerz brüllte. Währenddem nahm der Holzarbeiter einen Löffel voll nach dem andern von oben schön sachte weg, blies seine Suppe ein wenig und ließ sich die Henkersmahlzeit recht gut schmecken. Wie der andere das sah, begriff er nicht, wie der Holzhauer immer so gut wegkam und fragte wieder: „Was tust denn, daß es dich nicht brennt?“ Worauf der Holzarbeiter wieder trocken zurückgab: „Hinblasen, daß's kalt wird!“

Das war zuviel für den Teufel. Er fürchtete, dieser Mensch könnte mehr wie er und ihm auch noch in der Hölle einen Streich nach dem andern spielen. Er rief daher: „Na, dich kann ich nicht brauchen; du kannst kalt und warm blasen.“ Sprach's und verschwand unter Gestank zum Schornstein hinaus.

Otto Liebhaber

Der dumme Teufel

Der Mönch Edmundus

In einem Kloster im Unterland war ein Mönch Edmundus, der überall und jederzeit ohne Scheu die Wahrheit sprach. Er kam weit herum und traf einen Bauern, der vom Hergott abgefallen war. „Bauer, wer hat dich schlecht gemacht?“ fragte er ihn. Der Bauer schutzte die Achseln: „Wenn du es wissen willst, der Städter ist es gewesen.“ Da ging Edmundus zum Städter: „Wer hat dich schlecht gemacht?“ Der Städter war ein niederer Mann; er lachte böse und sprach: „Wenn du es wissen willst, vom Großen hab' ich's gelernt.“ Machte sich der Mönch auf zum Großen: „Wer hat dich schlecht gemacht?“ Der Große schaute ihn an vom Kopf bis zu den Füßen: „Wer sagt dir, daß ich schlecht bin!“ Und er ließ ihn ins Gefängnis werfen.

Des Nachts, als der Mönch im Gefängnis lag, ging die Tür auf und herein trat der Gefängniswärter. Der hatte einen Bockfuß und unter der Mütze schauten zwei Hörnlein hervor. „Mönchlein,“ sprach er, „kennst du mich? Ich bin es, der sie alle schlecht gemacht hat. Aber ich selber lasse dich aus dem Loch heraus; denn der Große und der Kleine, der Städter und Bauer sind nun so verderbt, daß alle Mönche der Welt dem Teufel nimmer schaden können.“ Da kehrte Edmundus dem Bösen den Rücken, kniete nieder und fing an zu beten. Hohnlachend verschwand der Teufel. Zur selben Stunde aber berührte ein Engel Gottes vieltausendtausend Wiegen in der Welt, daß sie sich sieben Herzschläge lang leise bewegten.

Das sah der Mönch Edmundus und er stand auf und über sein Angesicht ging ein Leuchten.

Der falsche Mönch

In uralter Zeit aßen die Leute im Unterland Gerstenbrot. Nach langen Jahren erfand im Großen Kloster ein frommer Pater die Kunst, aus Gerste und Würze einen mundigen Trunk zu brauen und Klosterherren und Bauern tranken ihn ohne Schaden.

Da geschah es, daß wandernd ein fremder Mönch ins Kloster kam und um einen Trunk bat. Der Pater Braumeister sah, daß der Bittende bleich war von Angesicht; das Kreuzlein an seinem Gürtelstrick mußte er wohl verloren haben.

Der Pater führte ihn in den Keller. Dort lehnte er die Leiter an das hohe Faß, stieg hinauf und spundete es auf. Er stieg herab und füllte dem Gast den Holzbecher. Der Fremde trank und erbot sich, das Spundloch über der Leiter selbst zu schließen, um dem schon alten Pater die Mühe zu sparen. Dieser ließ es geschehen. Der bleiche Gast stellte sich auf der Leiter so, daß man es nicht sehen konnte, wie er aus einem Fläschchen glitzernde Tropfen in das Spundloch träufelte, ehe er es schloß. Er mußte wohl von weit her sein, denn als er dem freundlichen Geber in vielen demütigen Worten dankte, sagte er nicht den üblichen Klosterspruch: „Gott Dank!“

Die Klosterherren tranken wie bisher nach der Klosterregel und blieben klar im Kopf. Auch die verständigen Bauern hielten Maß. Aber es gab Burschen und Männer, die weitertranken, bis ihnen der Trunk den Kopf vernebelte und sie die Gewalt über sich selbst verloren.

Alle sahen solches Unheil, auch die Klosterherren, aber niemand wußte von der Arglist des fremden Mönches. Dieser hatte auf seinem Weg durch den Klosterwald die Mönchskutte von sich geworfen, hellauf gelacht, daß der weite Wald erschrak und auf einem Bocksfuß getanzt wie ein Narr. Dann pfiff er durch die Zähne, und ein Rappengefährt ohne Fuhrmann stob heran und hielt vor dem bleichen Betrüger. Dieser stieg ein, verbarg den Bocksfuß unter einem Samtmantel und setzte sich einen Spitzhut mit Goldschnur auf das schwarze Haar. Als reicher Geldherr fuhr er im Wagen hinaus aus dem Klosterwald und im Unterland von Ort zu Ort. Wo ein Freund des Gerstentrunkes ein Trinkhaus bauen wollte, blieben die Rappen stehen.

Es gingen aber nicht nur maßhaltende Männer ins Trinkhaus – man hörte da und dort von Zechern Böses und Böses. Und heute noch muß durch die Schelmentat des falschen Mönches manche Frau und manches Kind schuldlos Leid tragen.

Der Mönch Edmundus

Aus der „ersten Zeit" des Waldpropheten

Über Schollen

Der Feind im Rücken, der Feind von vorn,
Kosakensäbel im goldnen Korn.

Wer weiß von deiner letzten Not?
Die es sahen, die sind tot.

Heimataugen, angstverstört:
„Sag uns, ob er wiederkehrt!"

Sonne scheint und Mond und Stern,
Heimatherz ruft in die Fern:

„Kehrst du wieder? Kommst du? Komm!"
Liebe faltet die Hände fromm.

Liebe betet, Liebe fleht,
Todesbleich ist das Gebet.

Und die Hoffnung, wund und treu,
Will nicht sterben, verbirgt sich scheu.

Über Schollen weht es lind:
„Heimat! Heimat! Weib und Kind!"

Heimweh

Zwei Bursche jung, zwei Bursche gut –
Wo schlummerst du nun, blühend Blut?

Du mit dem Auge blau und rein,
Dir singt die Somme in den Schlaf hinein.

Und dir, mit Dunkelaugen du,
Karpathenwind weht in die Ruh.

Die Nacht zieht über Gebirg und Tal:
Über zwei Gräbern glimmt ein Strahl;

Zwei Seelen steigen aus der Ruh,
Zwei Lichtlein wandern der Heimat zu.

Zwei Lichtlein glühen mit hellem Schein
Und wandern über Stock und Stein.

Und wandern über Strom und Strand
Ins Heimatland, ins Heimatland.

Der Heimkehrer

Vier Jahre gefangen im russischen Land,
Kein Gruß der Heimat, der ihn fand.
Und als er floh durch Sonne und Schnee,
Da steckten sie ihn in die Rote Armee.

Nun – – kehrt er heim beim Abendrot:
Vater und Mutter, die sind tot.
Du Haus am Bach, du Hof daran,
Wie schaut ihr zwei mich seltsam an!

Ein Weib in der Stube? Ein Kindergesicht?
Der hinkende Bruder – erhebt sich nicht?
Sein Aug weicht aus wie Schuld und Haß –
Das Weib – wird bis in die Lippen blaß – –

Es drängt sich das Kind an der Mutter Leib:
Der in der Tür erkennt das Weib!
Ein Atemholen, keuchend, schwer,
Ein gellend Lachen – die Tür steht leer.

Im Gottesacker zwei Kreuzlein stehn:
„Vater, Mutter, was ist geschehn?
Um Gott, ihr in der ewigen Ruh,
Vater, Mutter, wie ging das zu?“

Der Abend weht, der Mond scheint fahl,
Das Weib steht da mit einemmal
Und stammelt verstört in zuckender Not:
„Dein Bruder log, du wärest tot!

Die Alten gaben ihm Hof und Haus
Und suchten sich hier ein Plätzlein aus –
Und – als er mich drängte Jahr um Jahr –
Da nahm ich ihn – weil er dein Bruder war.“

Kein Wort. Er hebt die Hand empor
Und weist hinaus zum Friedhofstor.
Der Mond scheint fahl, der Abend weht –
Sie duckt zusammen – und wankt – und geht.

„Hinkender Schleicher!“ knirscht sein Mund,
„Heute schlägt eine blutige Stund!“
In Zorn und Haß sein Aug erstarrt,
Die Hand umfaßt die Waffe hart.

Grabveiglein duften, der Mond scheint drauf,
Da stehen zwei von den Toten auf:
Die Mutter spricht ein liebes Wort
Und nimmt ihm leise die Waffe fort;

Der Vater faßt an der Hand ihn lind
Und führt ihn gütig wie einst als Kind.
Ein Lichtlein brennt im Seelenhaus,
Es wandeln die Drei zum Friedhof hinaus.

Und schreiten hinaus durch Dorf und Feld
Und ziehn unter strahlendem Sternenzelt
Und wandern fort und wandern weit
Und stehn in Rußland auf grüner Heid.

Nun leg dich wieder zur ewigen Ruh,
Vaterhände, die decken dich zu!
Mutter macht auf die Stirne bleich
Das Kreuz dir: „Schlaf im Himmelreich!“

Und stiller wird die schreiende Pein,
Auf grüner Heide schlummert er ein.
Und Vater und Mutter Hand in Hand
Wandern zurück ins deutsche Land.

Im Morgen erblaßt der Sterne Schein,
Da wandern die zwei in den Friedhof hinein.

Und unter dem Kreuzlein in stiller Erd
Ruhen sie, bis der Tag sich jährt,
Bis wieder den Toten heimatwärts
Stachelt der brennende Zorn und Schmerz.

Und kommt nicht in Deutschland die Gotteszeit,
So schläft er nicht selig in Ewigkeit.

Aus der „Zweiten Zeit“ des
Waldpropheten

Die Satanskrone

Dem Teufel ist der Tag nicht hold,
Da packt er einen Brocken Gold
Und wirft ihn in die Höllenglut
Und schmilzt ihn klar und schmilzt ihn gut.

Und schmiedet eine Krone fein
Und schmiedet Lug und Trug hinein
Und schlägt den Haß in das Geschmeid
Und Wahn und Wut und Grausamkeit

Und Torheit und daß sie kein Aug erkennt,
Die Not, die schürt und bohrt und brennt.
Am Kreuzweg hockt er und lauert und harrt
Des Hauptes, das er krönt und narrt.

Es kommen Lump und Lump in Reih,
Der rechte ist noch nicht dabei;
Es ziehen Strolch und Strolch zu Hauf,
Doch keinen hält der Teufel auf.

Da naht ein Tropf aus Österreich,
Dem setzt er die Krone auf sogleich;
Dem setzt er auf die goldne Kron,
Nun muß er gehn in des Teufels Fron.

Und Boten rennen und reiten in Eil:
Es lebe Deutschland! Deutschland Heil!
Die Tiefen brausen, die Erde klirrt,
Der Teufel durch die Lüfte schwirrt;

Die Nacht ist rot, die Welt in Brand-
O, du mein flammendes Vaterland!

Der Geier

Die Norn, die falsche, sendet Haß, den Geier,
Den Riesenvogel, in die Luft.
Der rast dahin auf weiten Schwingen
Und stürzt sich auf den Feind,
Der groß wie er auf breiten Flügeln
Zornschnaubend ihm entgegenbraust.
Aus beider Atem sprüht und zuckt
Blitz und Blitz –
Aufflammt mit einemmal
Des einen Fittich,
Der Vogel schwankt in Rauch und Glut
Und sinkt
Und saust in schwerem Fall zur Tiefe.
Versengt, zerschmettert ist der Leib
Mit grausam augenwildem Schnabelkopf –
Doch sieh! O, sieh, das ist kein Tiergesicht!
Das ist ein Menschenhaupt!
Das ist ein Menschenantlitz
Und menschenschön,
Blutüberronnen,
Bleich und still.

Der Geier

Der Stahlwolf

Mit seinem Hund ein Jägersmann
Verfolgt den Wolf durch Moor und Tann.
Durch Busch und Baum die Kugel droht,
Fast kommt des Räubers Pelz in Not.

Scharfäugiger Jäger, wohlbewehrt,
Hast du vom Stahlwolf nie gehört?
Ein stählern Fell, das greift nicht an
Nicht Kugel und nicht Hundezahn.

Schon schwinden Tann und Moor zumal,
Die Steppe dehnt sich weit und kahl,
Der Unhold steht und wendet sich-
Verwegner Jäger, wahre dich!

Jäh wirft der Wolf sich auf den Hund
Und reißt ihm Hals und Nacken wund,
Der schlägt den Zahn in Feindeskehl –
Kein Blut doch bricht aus erznem Fell.

Wild ringt der Hund und keucht in Wut,
Ins grüne Gras rinnt rot sein Blut.
Da blitzt ein Schuß, der Donner hallt –
Von Wolfes Pelz die Kugel prallt,

Ein Schrei! Es beben Halm und Heid –
Der Stahlwolf, der ist stahl gefeit –
Ein Schweigen. Endlos Gräser stehn,
Nicht Hund, nicht Jäger ist zu sehn.

Hat sich die Erde aufgetan?
Verschlang sie Hund und Jägersmann?
Der Stahlwolf, der ist stahlgefeit,
Die Steppe dehnt sich stumm und weit.

Die Steppe dehnt sich weit und stumm,
Wie Eishauch geht ein Grauen um.
In Nacht erlischt das Abendglühn,
Zwei Feueraugen funkeln grün.

Die wilde Jagd

Im goldnen Frieden deiner Sterne
Sei mir gegrüßt, o stille Nacht!
Da horch! Aus hoher, blauer Ferne
Ein ehern Summen ist erwacht.

Anschwellend naht es in den Lüften,
Der lange, tiefe Ton wie Stahl,
Gen Himmel aus des Dunkels Schlüften
Aufscheint es wie von Geisterstrahl.

Sieh, drohend Zug um Zug hoch oben:
Beschwingte Drachenbrut! Da packt
Raubvogelschwarm sie an – ein Toben,
Ein Schrei – helf Gott! Die wilde Jagd!

Zur Erde wirf dich! Tageshelle
Gespenstert jählings fremd und irr,
Wie Sturmwind braust es – Springt die Schwelle
Der sündigen Hölle mit Geklirr?

Bleich steht die Stadt, die Donner zittern,
Aufschießen Feuerlanzen rot.
Schreckheulend aus der Höh gewittern
Und rauschen, schlagen Brand und Tod.

Dumpf kracht die Erde, dröhnet wieder
Wie Urzeitton – die Stadt zerbricht
Und flammt. Sieh weg! Es stürzt hernieder
Der Himmelsdom im Weltgericht.

Da flieht der Spuk. Schon orgelt ferne
Der grausige Chor. Die Nacht erblaut. –
O, goldner Friede deiner Sterne – –
Steh, Wandrer auf! Der Morgen graut!

Wanderung

Am lieben heiligen Abend
Ich greif zum Wanderstab
Und wandre über die Brücke
Und trete an dein Grab.

Und mit gesenktem Haupte
Steh lang bei dir ich still –
Und geh, weil ich noch weiter,
Viel weiter wandern will.

Und fern ein weißer Hügel –
O, tut es dir noch weh,
Wenn ich auf fremder Erde
Vor seinem Hügel steh?

Noch weiter muß ich wandern
In dieser Winterzeit
Zu einem andern Hügel –
Wie ist der Weg so weit!

Ich wandre und ich wandre
Durch Eiswind und durch Schnee:
Daß ich die Spur nicht finde,
Es tut dir wieder weh.

Mein Fuß wird müd und ratlos,
Mein Herz wird bang und irr,
Ich wende meine Schritte
Und kehre heim zu dir.

Da nimmst du bei der Hand mich
Und wanderst mit mir zugleich;
Dann läßt sie Gott uns finden
Und grüßen im Himmelreich.

Anhang

Titelseite der 1. Auflage 1922

Niederbayerische Sagen und Geschichten

als Begleitstoff zur heimatlichen Erdkunde

Martin Buchner

2. Tausend.

Passau, Selbstverlag.

1 · 9 · 2 · 2

Druck der Cl. Attenkoferschen Buch- und Kunstdruckerei in Straubing.

Vorwort Martin Buchners zur 2. Auflage 1950

Ein Wort auf den Weg

Das 2. Tausend der „Niederbayerischen Sagen und Geschichten" erschien in den ersten Zwanziger Jahren, vom Unterrichtsministerium für Schule empfohlen; das Büchlein fand auch im Hause freundliche Aufnahme. Als die Nachfrage wieder vergebens wurde, trug ich mich mit dem Gedanken einer bereicherten Neuauflage und bat Kollegen und Kolleginnen aufs neue um Mitarbeit; ich bat nicht vergebens.

Aber ich fand nicht die Zeit zur Ausführung. Dann kamen die verirrten Jahre und der wahnwitzige Krieg.

Nach schwerer Zeit nahm ich die Blätter wieder in die Hände.

Ich bin kein Sagenbold. Aber ich schätze den Heimaternst und Heimatwert der Sage. Es leben deutsche Sagen, die zurückführen in Tage der Germanen. Die meisten gingen später auf und wohl nicht selten unbewußt in der Dämmerung des „zweiten Gesichtes". Die heutigen Erkenntnisse der Seele können tief hineinleuchten in diesen Ursprung; aber der Menschengeist steht dann mit einemmal wieder staunend und in Ehrfurcht vor verschlossenen Toren.

Die Sage klingt aus dem Mund des Volkes; aber es raunen auch Sagen, in denen Gold der Dichtung schimmert.

Aus dem Halbdunkel der Sage treten die „Geschichten"; ihre Schritte huschen über Wege und Wiesen der gleichen niederbayerischen Heimat.

Dankbaren Gruß meinen lieben Sammelfreunden und -freundinnen, auch jenen, denen Sagen und Geschichten für immer still verklungen sind.

Martin Buchner

Gutachtentexte zur 2. Auflage 1950

Schulrat a. D. Buchner – Passau beabsichtigt seine Niederbayer. Sagensammlung neu herauszugeben.

Dieser Entschluß wird von der niederbayerischen Lehrerschaft allgemein begrüßt, da die Sammlung in ihrer sachlichen und sprachlichen Gediegenheit seit Jahren den älteren Lehrern, den Fortbildungspflichtigen und den Schulkindern selbst zu einem wertvollen Besitz geworden war. Wegen der Einfachheit und übersichtlichen Klarheit der ganzen Sammlung wäre sie sehr wohl geeignet, auch in das amtliche Verzeichnis für Schülerbüchereien aufgenommen zu werden.

Deggendorf, den 20. Februar 1950

Dr. Limmer

Als Lehrer für Deutsch, Geschichte und Erdkunde an der Oberrealschule Pfarrkirchen habe ich in meinen Fächern die „Niederbayerischen Sagen und Geschichten" von Martin Buchner in den unteren Klassen immer mit bestem Erfolg verwerten können. Diese Geschichten und Sagen beseelen und verlebendigen wundersam Land und Leute unserer engeren Heimat und bereichern so vorzüglich den Erdkundeunterricht. Da die einzelnen Stücke außerdem so knapp und treffend im Ausdruck sind, habe ich sie im Deutschen oft und oft für Nacherzählungen und Erweiterungen verwenden können. Überdies glaube ich, kann durch dieses Buch dem Schüler (wie auch dem Erwachsenen) die sehr notwendige Vorstellung vermittelt werden, daß unsere Heimat gar nicht so abseits liegt, wie es vielfach den Anschein hat, sondern daß sie auch in der Literatur (Nibelungenlied z. B.) vertreten und in das große Geschehen der Geschichte verwoben ist.

So freue ich mich sehr und begrüße es dankbar, daß der Verfasser seine „Niederbayerischen Sagen und Geschichten" neu herausgeben will. Wie ich mich überzeugen konnte, sind viele sehr schöne und wertvolle neue Sagen und Geschichten dazugekommen. Ich glaube, daß sich mit mir jeder Lehrer, nicht nur der niederbayerische, jeder Volkskundler und nicht zuletzt unsere Jugend über diese Neuerscheinung herzlich freuen wird.

Pfarrkirchen, den 28. Februar 1950

Robert Erbertseder, Studienrat, Oberrealschule Pfarrkirchen

Für das laufende Fortbildungsjahr ist im Fortbildungsplan der Unterricht in Heimat- und Erdkunde vorgesehen. Gelegentlich einer Fortbildungskonferenz habe ich das Buch „Niederbayerische Sagen und Geschichten" von Martin Buchner, dem früheren Bezirksschulrat von Passau-Land, in besonderer Weise empfohlen und zwar sowohl für die Hand des Lehrers wie auch der Schüler. Es wurde jedoch seitens der

Fortbildungspflichtigen mit Bedauern festgestellt, daß auch dieses Buch nirgends mehr in den Schulen vorhanden sei. Ich wurde ersucht, eine Neuauflage anzustreben wie auch mein Exemplar auszuleihen, um einschlägige Sagen daraus abschreiben zu können.

Meines Erachtens sollte das wertvolle Buch nicht nur in jeder Lehrerbücherei der Schulen Niederbayerns zu finden sein, sondern auch in jeder Schülerbücherei den Kindern zur Verfügung stehen.

Eine Neuauflage des Buches wäre aus schulischen Gründen dringend wünschenswert.

Passau, Eggendobl, den 1. März 1950

Der Fortbildungsleiter: Lippert

Die von Herrn Schulrat Buchner herausgegebene Sagensammlung für Niederbayern kommt einem Bedürfnis des Heimatkundeunterrichts entgegen, der hierdurch Belebung, Erweiterung und Ergänzung erfährt. Fassung und Inhalt der Sagen ist so glücklich gestaltet und gewählt, daß dieses Buch auch außerhalb Niederbayerns für die Schülerbüchereien geeignet erscheint und die Aufnahme in das Verzeichnis der hierfür zugelassenen Werke empfohlen wird.

Passau, den 3. März 1950

Bezirksschulamt, H. Pfister

Seit 36 Jahren bereise ich das östliche Niederbayern zu Schulbesichtigungszwecken. In jedem Schulschrank fand ich früher, viel Gutes stiftend, die Sammlung Niederbayerischer Sagen und Geschichten von Martin Buchner in allen Lehrer- und Schülerbüchereien. Heute ist neben vielem anderen wertvollen Schrifttum durch Kriegs- und andere Entwicklungen Buchners Büchlein verschwunden. Bronner, Sepp, Waltinger sind tot. Andere, sogar landfremde Menschen, bemühen sich in letzter Zeit, die Lücke im Bücherbestand zu schließen. Wenn dies aber ein Mann wie Buchner tun will, in dem sich Lehrer und Dichter glücklich ergänzen, so muß dieses Beginnen tatkräftig gefördert werden. Daß Buchner die Absicht hat, das Büchlein bei der Neuherausgabe um einige dutzend Beiträge zu bereichern, ist nur zu begrüßen.

Passau, 5. März 1950 M. Raith, Stadtschulrat

Hans Göttler: Martin Buchner – Leben und Werk

a) „Heimatsänger ... heimatlos“! Leben und Wirken des Martin Buchner in Passau

Zur Erinnerung an den Dichter und Schulmann aus Anlass seines 50. Todestages am 11.10.2009 (Gekürzte und geringfügig veränderte Fassung meines Beitrags im „Passauer Almanach“ Nr. 6, 2009/2010, S. 70-83. – H. G.)

Die Höhen im Sonnengolde,
Die Ströme im Silberschein:
Passau, du wunderholde,
Du leuchtende Heimat mein!

Drei Wasser rauschen und schwellen,
Es grünt der Hügel Kranz,
Ein Schiff zieht mit den Wellen
Hinein in den Morgenglanz.

Drei Wasser rauschen und fließen,
Es grünen Busch und Blatt:
Ich tu dich lieblich grüßen,
Du allerschönste Stadt!

Hörst summen du die Sagen
Aus grauer Zeiten Grund?
Wer einst dich aufgeschlagen,
Ist keinem Lied mehr kund.

Vom Dom die Glocken branden
Und brausen an die Höhn –
In allen Reichen und Landen
Keine Heimat ist so schön.

Ein Vöglein in der Leiten,
Das singt in einem zu –
Die Wasser klingen und gleiten –
Ziwitt! Wie schön bist du!

Dieses „Passauer Heimatlied“ stammt aus der Feder des längst weitgehend vergessenen Passauer Heimatdichters Martin Buchner. In der zitierten Fassung steht das Lied am Anfang der von Martin Buchner 1950 in zweiter Auflage herausgebrachten Sammlung „Niederbayerische Sagen und Geschichten“. Der Dichter hat das Lied aber in einer etwas erweiterten und veränderten Fassung schon einer Hauptakteurin seines Nibelungenspiels von 1912 in den Mund gelegt. Walburga, die Tochter des vornehmen Passauer Kaufherrn Winhold, singt das Lied ihrer „holden Heimat“ zur Harfe, auf Geheiß Kriemhilds, kurz vor deren Aufbruch, von Passau aus, ins Hunnenland. Buchner meldete sich also schon 1912 als Passauer Heimatsänger zu Wort: „Das Passauer Nibelungenspiel“ war von ihm als „Freilichtspiel in 3 Bildern“ konzipiert worden und spielte lt. Spielanweisung „auf der Ortspitze in Passau“. Erst 1930 wurde es im „Verlag des Instituts für ostbairische Heimatforschung“ in gedruckter Form vorgelegt, aufgeführt wurde es nie. Die oben vollständig angeführte Fassung aus der Sagensammlung Buchners von 1950 ist wiederum identisch mit dem Lied Walburgas in der fünfaktigen Schauspielfassung „Das Passauer Nibelungenspiel“ von 1951. Auch dieses umgearbeitete Spiel Buchners erschien im „Verlag des Instituts für ostbairische Heimatforschung“.

Das „Passauer Heimatlied“ bzw. Walburgas Lied ihrer „holden Heimat“ haben den Dichter Martin Buchner also ein Leben lang begleitet, so dass man ihn mit Fug und Recht als Passauer „Heimatsänger“ bezeichnen darf. Er selbst hat sich am Ende seines langen Lebens in seinem Band „Lied vom Inn“ (3. Auflage mit dem Abgesang, Passau: Neue Presse Verlag 1950) auch so als „Heimatsänger“ apostrophiert. In seinem Gedicht „Der Heimatsänger“ gesteht er aber auch seine Trauer darüber, dass dieser Heimatsänger „heimatlos“ sei. – Wie konnte es dazu kommen?

Vita des Martin Buchner

Buchner wurde am 19. Mai 1869 in Laberweinting bei Mallersdorf in Niederbayern geboren. Er war bäuerlicher Herkunft. Sein Vater Martin Buchner (1837-1909) war ein einfacher Bauern-Söldner in Langenhettenbach an der Laber; die Mutter Walburga, geb. Regus (1835-1905), stammte aus Kürn (Pfarrei Pettenreuth). Von den zehn Kindern der Familie Buchner erreichten bloß vier das Erwachsenenalter. Ausgestattet mit vielseitigen, vor allem auch musischen Begabungen kam Buchner nach Schule und Studium in Landshut und Straubing als Hilfslehrer nach Vilsheim und Steinberg a.d. Vils. 1891 wurde er Hilfslehrer in Fürstenzell und 1892 in Passau-Ilzstadt, ab 1896 dann Schulverweser an der Innstadtschule. In Passau heiratete er Mathilde Schmidtkonz (1874-1945), eine Notarstochter aus Landau an der Isar. Der Ehe mit Mathilde entstammten zwei Söhne: Wolfram (* 1906, gefallen 1945) und Heinrich (* 1910, vermisst seit 1944).

1903/04 hielt sich Buchner zu Studienzwecken in Jena auf, wo er die Fächer Pädagogik, Religionsphilosophie und Psychologie belegte. Ab 1907 war er dann als Lehrer an der Nikolaschule tätig. 1923 wurde Buchner zum Schulrat für den Bereich Passau-Land und Wegscheid ernannt. Nach sieben Jahren, 1930, beendete er dann im Alter von 61 Jahren aus gesundheitlichen Gründen seine aktive Schuldienstzeit.

Vor ihm lagen da aber noch fast 30 Jahre des Ruhestands, für Buchner persönlich bald schwere, schicksalsreiche Jahre, die auch sein schriftstellerisches Wirken wesentlich beeinflussten. Vor allem auf seine literarische Auseinandersetzung mit den Zeitläuften nach 1933 wird dabei später genauer einzugehen sein.

Buchner wirkte auch im Ruhestand aktiv im Kulturleben der Stadt mit. Er war rührig und engagiert in der Passauer Liedertafel, im Turnverein und in der Sanitätskolonne.

Schwere Schicksalsschläge trafen ihn am Ende des Zweiten Weltkriegs. Sein 1910 geborener Sohn Heinrich, Gymnasiallehrer für Deutsch, Geschichte und Englisch und zum „Dr. phil." promoviert mit einer Arbeit über Hinterglasmalerei, galt seit 1944 als vermisst. Der ältere, 1906 geborene Sohn Wolfram, gymnasialer Kunsterzieher und promovierter Kunstgeschichtler („Der Stukkator Johann Baptist Modler von Kößlarn. Ein Meister des deutschen Rokoko. Passau 1936"), fiel in den letzten Kriegswochen 1945. Er hinterließ Frau und drei unmündige Kinder. Schließlich musste Buchner auch noch seiner Gattin Mathilde in diesem Jahr das letzte Geleit geben. Mathilde Buchner starb am 24.04.1945, aus Gram über das Schicksal ihrer beiden Söhne. Mathilde war selbst ausgebildete Volksschullehrerin gewesen, hatte ihren Beruf aber schon vor der Eheschließung 1905 aufgegeben. In ihrer strikten Ablehnung des Nationalsozialismus stimmte sie voll mit ihrem Gatten überein. Als der Sohn Heinrich (Jg. 1910) klein war, hat Mutter Mathilde ein sehr anrührendes und heiteres Tagebuch über ihr Söhnchen geführt. Buchner hat diese Aufzeichnungen 1954 im Ernst-Reinhardt-Verlag München/Basel herausgebracht. Das Büchlein „Als Heinrich noch klein war. Ein Tagebuch.

Ausgeplaudert von seiner Mutter Mathilde Buchner" bietet in erfrischender und natürlicher Weise Einblick in die geistige Entwicklung eines sehr aufgeweckten Buben im Alter von 1 ½ bis 6 Jahren.

Am 19. Mai 1959 konnte Martin Buchner seinen 90. Geburtstag feiern. Oberbürgermeister Dr. Billinger stellte damals öffentlich fest: „Das Passauer Land formte und prägte mit unverkennbaren Zügen sein Lebenswerk." Und Rektor Otto Geyer, der wie der frühere Stadtschulrat Wilhelm Leidl zu den pädagogischen Weggefährten Buchners gehört hatte, konstatierte am Schluss seiner Laudatio für den 90-Jährigen: „Besonderen Dank schuldet ihm Passau, denn er ist und bleibt in ganz besonderem Maße der Dichter der Dreiflüssestadt." Aber: Erst gut drei Monate nach diesem persönlichen Ehrentag hat man ihm am 27.8.1959 das Bundesverdienstkreuz überreicht, das ihm Bundespräsident Heuss am 5.8.1959 verliehen hatte. Schon wenige Wochen später, am 11. Oktober 1959, starb Buchner in Passau. Er ist auf dem Friedhof St. Severin in Passau begraben. Otto Geyer würdigte am 14.10.1959 in seiner Trauerrede auch die dichterische Berufung Buchners: „Als Dichter stellte er Passau, seine Landschaft, seine Geschichte, seine Bevölkerung in den Mittelpunkt seines Schaffens."

Franz Mader hat in seinem Buch „Tausend Passauer" 1995 richtig festgestellt, dass Martin Buchner „das kulturelle Leben in Passau über viele Jahre mitgeprägt" habe. Addiert man die Passauer Jahre Buchners – es sind 67 an der Zahl –, betrachtet man sein literarisches Werk, das wie kaum ein anderes auf Passau konzentriert ist und berücksichtigt man seinen jahrzehntelangen Einsatz für das soziale und kulturelle Wohl der Stadt, so darf man sich heute schon fragen, warum er nicht auch Ehrenbürger dieser seiner Heimatstadt wurde, die er in höchsten Tönen immer wieder besang. „Heimatsänger ... heimatlos" – so heißt vielsagend die Überschrift dieses Lebensbildes! Erst ab 1993 gibt es eine Martin-Buchner-Straße in Neustift, im Bereich der Altmannsiedlung! Wer Martin Buchner war, wissen heute wohl die wenigstens von uns!

1909-1913: Jahre gesteigerter literarischer Produktion

In dem Zeitraum 1909-1913 legte Martin Buchner drei Buchveröffentlichungen vor und schrieb außerdem sein Freilichtspiel über die Nibelungen in Passau, das dann erst 1930 gedruckt wurde. Diese Schriften heißen:

- Lied und Leben. Gedichte (1909, 48 Seiten)
- Lied vom Inn (1910, 62 Seiten; 2., erweiterte Auflage 1936, 69 Seiten; 3. Auflage mit dem Abgesang 1950, 112 Seiten)
- Das Passauer Nibelungenspiel. Freilichtspiel in 3 Bildern 1912 (gedruckt 1930, 47 Seiten)
- Stromgold (1913, 138 Seiten)

In den frühen Veröffentlichungen aus den Jahren 1910-13 meldet sich Martin Buchner als nationalkonservativer und tiefgläubiger Autor zu Wort, der Vaterland und Heimat lobend besingt und glorifiziert, dabei aber nicht in das Fahrwasser zeitgenössischer völkisch-nationalistischer Literaten gerät und die Vaterländer und Heimaten anderer negativ bewertet. Er liebt seine Heimat und verklärt ihre Natur, ihre Geschichte, ihre Leistungen, ihre Menschen. Er gesteht aber auch anderen zu, dass diese ähnlich patriotische Gefühle für ihre Heimat, ihr Vaterland hegen dürfen. Chauvinismus liegt Martin Buchner nicht. Vom poetischen Standpunkt aus betrachtet sind diese geschichtsbeladenen Texte nicht sehr leicht zu erfassen, ihr Stil ist oft weitgehend epigonal, was aber durchaus zeittypisch ist. Ein eigenständigerer, durchaus auch leichterer Ton wird erst in den Gedichten erkennbar, in denen z.B. der erste Sohn des Dichters vorkommt, in denen er seine Rolle als kritischer Mahner der Zeit thematisiert bzw. in denen er sich mit der Funktion seines Dichtens auseinandersetzt. Einige Textproben mögen genügen:

Aus: „Lied vom Inn" (Abteilung „Vergangene Zeit")

Im Jahre 1525

Auch zum Innstrom kam die neue Lehre,
Flog wie Windeshauch von Ort zu Ort
Und ein Priester selber, Lenhard Kaiser,
Predigte das neue Glaubenswort.
In den Tod mit ihm! – Die Lohe züngelt –

Wann, Herr Jesu Christ, wird einst dein Wort erfüllt? –
Auch am Innstrom flammten Scheiterhaufen-
Und der Heiland hat sein Haupt verhüllt.

Aus: „Lied vom Inn“ (Abteilung „Und heute“)

X.
Und über Dächern siehst du Türme ragen
Von Kirchen; wuchtig steht der Kuppeldom.
Und Glockenschall und Orgelklang zu allen Tagen.

Das ist ein tiefgeheimnisvoll Gespinst
Von heil'gen Handlungen, Gebärden, Mienen –
Ja, wenn wir nur bei all dem Gottesdienst
Am Ende nicht vergessen Gott zu dienen.

XXVI.
Du bist der Wasserriese
Und ich der Menschengnom,
So gehen wir zusammen
Den alten Weg, mein Strom.

Still wandeln wir zusammen
Den altgewohnten Gang
Wie zwei, die lang sich kennen,
Vielhundert Jahre lang.

XXIX.

Ich hab den Knaben an der Hand,
Wir stehen still an Stromes Strand:
Mein Strom, du fahrender Gesell,
Das ist mein Sohn, sein Haar ist hell.

Sein Haar ist hell, das ist mein Sohn,
Um den ertrag ich Müh' und Fron,
Dem bahn' ich den Weg durchs Weltgewirr:
Herzbruder, mein Strom, den segne mir!

Den segne mir mit Kraft und Mut;
Stark soll er werden, stark und gut,
Ein Helfer in des Lebens Not
Und froh und treu bis in den Tod!

Aus: „Lied und Leben" (Abteilung „Menschen")

IV.

Ich saß in meines Freundes Haus.
Es schalt der Freund mich weidlich aus:
„Wie kannst du so ein Träumer sein!
Der Mensch ist schlecht ins Mark hinein!
Ein Raubtier ist er und nicht wert,
Daß man ihn schont und liebt und ehrt!
In Mark und Bein der Mensch ist schlecht,
Mit Not und Tod geschieht ihm recht!"
So brach sein Menschenhaß sich Bahn.
Da pochten arme Studentlein an.
Er hatte selber sie bestellt:
Sie holten sich ihr Monatsgeld.

XIII.

„Wer hat die Bücher und Hefte
Noch nicht bezahlt?“
Stehn kleinlaut sieben Knaben:
„Vater und Mutter haben
Gesagt, die Armenpflege...
Das Zahlen hat gute Wege.“

Am andern Tag ein Taschenspieler
Lädt zum Spiel.
Wer hat das Geld dafür?
Die ganze Schule strömt durch die Tür –
Die ganze Flut meiner Lieben –
Lustig voran die Sieben!

Aus: „Das Passauer Nibelungenspiel“ (Freilichtspiel)

Widulf: „...und froh vermag ich nicht zu werden: Wer froh sein will, muß eine Heimat haben!“

Aus: „Stromgold“ (Abschnitt 23)

Langsam zieht das Lied vorüber
An dem Turm und gleitet klingend
Still hinab im trauten Strom
Mit dem Wassermann, dem braunen,
Mit dem schönen blonden Weibe
Und der Tochter, fein und hold.
Von der alten Ufermauer
Hallt es wider und der Klang
Tönt hinauf zum Klosterberge
Fern und leise –
Der Kastanienbaum, der weise,
Und Frau Amsel in den Zweigen
Regen sich im tiefen Traum.

Die oben kurz angeführten frühen Dichtungen Buchners zeigen, dass er nicht volkstümlich-populär schrieb, sondern als ernster, hochgebildeter, eher elitär wirkender Schriftsteller wahrgenommen werden wollte, was denn auch geschah. In einer 1911 erschienenen Besprechung seines „Lieds vom Inn" hieß es vielsagend u.a. „...Auf der Höhe des Gefühls setzen die meisten Poeme ein und die hoch temperierte poetische Stimmung erzeugt dann seltene Klangschönheiten und souveräne Meisterung der Form..." Beworben wurde das „Lied vom Inn" schließlich in einer Anzeige mit dem Spruch „Eine Huldigung an das neue und alte Passau." Auch wenn das „Lied vom Inn" noch zwei weitere Auflagen erfahren hat – die Huldigung an Passau ist bei den Passauern nicht so ganz angekommen bzw. von diesen nicht so richtig angenommen worden. Das sollte bei der nächsten großen Veröffentlichung Buchners anders werden!

Sammler und Schöpfer heimatlicher Sagen

1922 erschien im Selbstverlag Buchners Sagensammlung mit dem Titel „Niederbayerische Sagen und Geschichten als Begleitstoff zur heimatlichen Erdkunde." Das Bändchen umfasste 120 Seiten und war für das 4. bzw. 5. Schuljahr vorgesehen. Buchner teilte die Texte in 14 Abteilungen ein, die sich an der geographischen Gliederung Niederbayerns orientierten. Sie lauteten: „Passau", „An der Donau hinab", „An der Donau hinauf", „In die Heimat der Ilz", „Dem Arber zu", „In den oberen Wald", „Im Regengebirge", „Am Inn und an der Rott aufwärts", „An der Vils hinauf", „An der Isar", „An der Laber", „In die Hallertau", „Hinab zur Donauenge", „Da und dort".

Es handelte sich bei den Texten um Nachdichtungen, z.B. nach Eugippius und Ludolf Silvanus, um Sagen- und Märchenerzählungen anderer Autoren, z.B. Brüder Grimm, Wilhelm Leidl, Otto Liebhaber, Therese Schmid und Max Peinkofer, um lyrische Texte fremder Dichter, z.B. August von Platen, Johann Nepomuk Vogel, aber auch um zahlreiche Eigendichtungen Buchners, ca. 20 an der Zahl.

Buchners Sagensammlung von 1922 erwies sich in den folgenden Jahren als gern benutzte und hochwillkommene Quelle für viele Generationen von Lehrerinnen und Lehrern, die damit ihren Unterricht bereichern konnten. Die 2000 gedruckten Exemplare waren bald vergriffen. Eine erweiterte Neuauflage war daher schon in den späten Zwanziger und frühen Dreißiger Jahren geplant. „Aber", so schreibt Buchner 1950, „ich fand nicht Zeit zur Ausführung. Dann kamen die verirrten Jahre und der wahnwitzige Krieg."

Erst im Jahre 1950 war es möglich, eine erweiterte Neuausgabe vorzulegen. Die Einteilung der Ausgabe von 1922 wurde im wesentlichen beibehalten, der Umfang betrug aber nun 142 Seiten, und Buchner selbst steuerte noch sehr viel mehr eigene Texte bei, ungefähr vierzig.

Das Gutachten des Gymnasiallehrers und späteren Heimatdichters Robert Erbertseder aus Pfarrkirchen beweist, dass Buchners Sagensammlung auch im Erdkunde- und Deutschunterricht der Höheren Schulen Einsatz gefunden hat, obwohl es zunächst nur für die Volksschularbeit konzipiert war.

Buchner als politisch-kritischer Dichter

Die politisch-kritische Facette des Schriftstellers Martin Buchner ist bereits in den Dreißiger Jahren zu erkennen und zu belegen. Während in diesen „verirrten Jahren" – wie Buchner sie umschreibt – andere Passauer Heimatdichter, wie z.B. Franz Schrönghamer-Heimdal (1881-1962) völkisch-antisemitisch schreibt und Buchners Lehrerkollege Max Matheis (1894-1984) zum Nazidichter avanciert („So rief uns Gott mit Hitlers Stimme!"), schlägt Martin Buchner – Gott sei Dank – ganz andere Töne an. Er avanciert zum politisch-kritischen Heimatdichter, der sich wohltuend abhebt von der damals stadtüblichen Dichtkunst!

Buchner verändert in diesen Jahren sein „Passauer Nibelungenspiel" von 1912 und muss dieses, vor einer etwaigen Veröffentlichung, dem Gaukulturamt in Bayreuth zur Begutachtung vorlegen. Von dort kommt schon bald die klare Ablehnung: „Der glatten Einebnung der christlichen Weltanschauung in das Gesamtbild des Nibelungenkampfes kann vom Weltanschaulichen her widersprochen werden."

Den Einbezug der christlichen Weltanschauung in seine Dichtung erkennt man unschwer auch an der zweiten, erweiterten Auflage seines Büchleins „Lied vom Inn", erschienen 1936, an den neuen Texten aus den Dreißiger Jahren. Buchner fügt ein Gedicht über den Künstler „Wolf Huber + 1553" ein, in dem er ganz bewusst die christliche Dimension Passaus hervorhebt „... riesenhaft / Wächst empor der Kreuzesschaft." Geradezu prophetisch klingen die Zeilen: „Mein Strom, wo Schlote ragen, / Da flammt des Menschengeistes Lohe – / Und doch! / Mein Strom, wo Schlote ragen, / Wird Menschen-Leib und Seel verbrannt."

Er geißelt mit klaren Worten die Verrohung der Welt: „Gewalt und Gier ist diese Welt / Und Blut und Tod –" und spricht vom herrschenden „Faustrecht": „Mein Strom, ich weiß es wie du: / Die Zeit hat Gold gespien, / Das Faustrecht ist ausgeschrien / Und alle Gier greift zu. // Ich weiß es wie du. / Doch Sterne seh ich ragen, / Die kann keine Faust zerschlagen / In ihrer leuchtenden Ruh."

Eine Erlösung aus diesem menschlichen Elend ist bei Buchner nur im gläubigen Vertrauen auf einen christlichen, verzeihenden Herrgott zu finden.

Dieser neue Ton Buchners ist auch in seiner nächsten großen Veröffentlichung hörbar, ihr Titel: „Versunkenes Reich. Gedichte, Balladen, Lieder". Das 96 Seiten umfassende Bändchen ist im Verlag von Otto Hillmann in Leipzig im Jahre 1938 erschienen. Der Titel „Versunkenes Reich" bezieht sich auf das versunkene Kaiserreich von 1918, dem Buchner nachtrauert. Aber: es ist die Trauer eines nationalkonservativen Dichters, nicht die eines völkisch-antisemitisch verblendeten Vielschreibers oder eines NS-Parteidichters. Buchner beschreibt mit klaren Worten den 1. Weltkrieg, er veröffentlicht seine Gedichte aber erst zwanzig Jahre später, 1938, also kurz vor der Entfesselung des 2. Weltkriegs durch Hitlerdeutschland. Von der „NS-Reichswaltung des Schrifttums" wurde der Band empört abgelehnt, weil Buchner den „leuchtenden Tag, der im Nationalsozialismus aufschien, anscheinend nicht erkannt hatte." Einige charakteristische Beispiele aus dieser Sammlung:

Die Kunde

Die Welt ist irr
Von Gier.
Der Himmel blutet.

Die Welt ist wirr.
Die Tiefe grollt.

Ein greller Hall!
Dumpf bebt der Erde Grund –
Schlug die dunkle Stund?

Der Mensch

Gütige Erde,
Wie gibst du so reich!

Aber der Menschen Augen
Sind weiter denn ihr Bauch.

Welt!

So weise bist du geworden
In tausend und tausend Jahren,
Daß du kauerst wie ureinst
Auf allen Vieren
Und mit reißendem Zahn
Sinnlos selbst dich zerfleischest!

Ich klage an

Der Priester weiht die Waffen,
Irr brüllt die Schlacht und wild;
Von Herzblut raucht, von rotem,
Das wunde, zuckende Gefild.

Ich klage dich, du Priester,
Der Blutschuld an, verrucht!
Du segnetest die Waffen:
Warum hast du sie nicht verflucht?

Feind

1
Der Feind liegt tot.
Mein blutig Bajonett, wie blinkst du rot!

Feindlicher Bruder! Starr, entsetzt
Brach dein Aug! Wer hat uns blutgehetzt?

Bruder! Dich und mich! Blutwild und wirr
Schreit meine Seele: „Ich bin irr!“

2

Vielhunderttausend stehn wir
Gehorsam unter dem Gebot;
Bin Herr nicht meines Lebens,
Bin Herr nicht über meinen Tod.
Und mußt du durch mich sterben
Und fallen für dein Vaterland,
Ich steh an deinem Hügel,
Den Helm in harter Hand!

Martin Buchners großer Passauer Dichterkollege Hans Carossa schrieb dazu anerkennend: „Ihre kernigen, von echter treuer Liebe zu Volk und Heimat erfüllten Gedichte haben meine herzlichste Zustimmung."

Den Schlusspunkt in dieser Entwicklung zum politisch-kritischen, an hohen christlichen und humanen Werten orientierten Dichter setzte Martin Buchner mit seinem letzten Buch „Sturmflut über dem Abendland". Der Gedicht-Band umfasst 126 Seiten und erschien 1955 im Verlag Passavia Passau. Buchner gliedert seine Sammlung in 11 Abteilungen und gibt diesen Überschriften: 1. Wolke, 2. Wind, 3. Sturm, 4. Heinrich, 5. Untergang 1., 6. Wolfram, 7. Untergang 2., 8. Mutter, 9. Untergang 3., 10. Allein, 11. Untergang 4. Entstanden sind diese wirklich eindrucksvollen Texte während des 2. Weltkriegs und in den Jahren nach 1945. Die Gedichte geben Zeugnis vom Leiden des Dichters an der Zeit, ihrer Ausweg- und Gottlosigkeit; sie klagen Hitler und die Nazis an sowie das Schweigen des Papstes gegenüber dem NS-Terror, aber auch die Mitschuld jedes einzelnen Deutschen an dem Weg in den Abgrund. Anrührend sind die Verse Buchners, in denen er von seiner toten Frau und seinen beiden Söhnen Abschied nimmt, deren Sterben ein verbrecherisches Regime zu verantworten hat. „Du Gottverfluchter, warum stehst du nicht? / Ergreift dich Grauen?" ruft er dem Verantwortlichen für Stalingrad im Gedicht „Gericht" zu. An anderer Stelle nennt er Hitler den „Tropf aus Österreich". Er gesteht seine eigene Schuld ein, nicht noch früher Lug und Trug des NS-Systems durchschaut zu haben und gegen dieses vorgegangen zu sein. Er gibt dem ansonsten so geliebten Vaterland eine große Mitschuld am Untergang: „Du hobst ihn hoch, du würdelose Masse!" Jeder könne und müsse nach dem Ende des Krieges „lesen, was das deutsche Volk gefehlt". Im Text „Nürnberg" heißt es gleich in der ersten Zeile: „Der Deutsche hat das Recht gebrochen". Und ganz eindeutig ist Buchners Position, wenn er sich auf die Seite der überfallenen Opfer stellt:

Heimatraub

Hast du mit roher Hand
Der Schwalbe in der Flur des Hauses
Das Nest geraubt
Und sie verjagt,
Und wärest du mein Bruder,
Ich wollte keine Stunde mehr mit dir
Unter einem Dache wohnen,
Wollte weiterziehen, weit von hier,
Daß ich nicht seh, wie dir
In Glut und Brand
Verkohlt die Frevelhand.

Viele Gedichte Buchners aus seinem Gedichtband könnten hier noch folgen, was aus Platzgründen unterbleiben muss. Ein letztes, in die Zukunft weisendes muss aber noch zitiert werden, es enthält Buchners Vermächtnis, seinen Aufruf zum Kampf für ein Reich der Liebe, der Versöhnung, des toleranten Miteinanders:

Das andere Geheimnis

Es hat der Mensch dem Schöpfer
abgelauscht
Das Geheimnis
Des Untergangs.
Menschenbruder, hat der Schöpfer
Dir nicht auch enthüllt
Das andere Geheimnis?
Du mein Vaterland,
Erlitten hast du
Wie ein Reich im Blut vergeht:
Ruhe nicht, im Arm den Schild,
Bis die Liebe
Aufersteht!

Mathilde (*1874) und Martin (*1869) Buchner.
Vorne stehend Sohn Wolfram (*1906), auf der Schulter des Vaters Sohn Heinrich (*1910).

1951 hat ein anderer Passauer Dichter, Hans Carossa, seinen Lebensbericht „Ungleiche Welten“ vorgelegt, von dem Alfred Andersch schrieb, er sei „die ruhigste, klarste und gerade deshalb schonungsloseste Analyse des Nationalsozialismus“. Martin Buchner hat mit seinem Lyrikband „Sturmflut über dem Abendland“ von 1955 mit Carossa durchaus gleichgezogen. Vielen, auch vielen Passauern, – unter ihnen ihr Heimatdichter und späterer Ehrenbürger Max Matheis – ging Carossas Geständnis einer Mitschuld am NS-System und der von ihm ausgelösten Weltkatastrophe zu weit. Martin Buchner, dem „heimatlosen Heimatsänger“, war die große allgemeine Zustimmung Passaus zu seinen NS-kritischen Texten und seinem Bekenntnis zu Mitschuld und Mitverantwortung der Deutschen wohl auch versagt geblieben. Vielleicht musste er auch deswegen bis kurz vor seinem Tod auf das Bundesverdienstkreuz warten? Vielleicht wurde er im Zeitalter des Kalten Krieges auch schon deswegen nicht Ehrenbürger, was er nun wirklich verdient gehabt hätte! 50 Jahre nach Buchners Tod aber steht fest: Auf einen solchen Heimatsänger darf man stolz sein, man darf dankbar sein, dass es ihn gab, auch wenn die Heimat ihn in der Heimatlosigkeit beließ und nicht immer wusste und weiß, was sie an ihm hatte und noch hat! Buchner hat das in seinem Gedicht „Der Heimatsänger“, veröffentlicht 1950, ganz bescheiden schon einmal für sich konstatiert:

All deine Lieder preisen
Die schöne Heimat dein,
In all die klingenden Weisen
Strömt heiß dein Herz hinein.

Hell hallen die Lieder, die deinen,
wie hold die Heimat ist –
Ich aber hör dich weinen,
Wie heimatlos du bist.

b) Geleitwort zu:

Martin Buchner, Ausgewählte Gedichte. Herausgegeben von Eva Hertel. – Ralf Schuster Verlag Passau, 2013, S. XV-XVIII.

(Überarbeitete und erweiterte Fassung! – H. G.)

Martin Buchner, Passfoto 1952

Martin Buchner (1869-1959), – nach eigener Stilisierung in seinem Gedicht „Der Heimatsänger" (1950) der Passauer „Heimatsänger ... heimatlos" –, gehört leider Gottes und sehr zu Unrecht zu den vergessenen Autoren aus Altbayern, insbesondere in „seinem" Passau, aber auch in ganz Niederbayern! Woran liegt das? Schließlich lebte er 67 Jahre seines Lebens – bis zum Tod – in Passau, war ein bekannter und angesehener Schulmann, integriert in das gesellschaftliche Leben der Stadt, ausgewiesen durch mehrere „einschlägige" Bücher: „Passauer Nibelungenspiel", „Niederbayerische Sagen", „Lied vom Inn" u. v. a.

Ich meine inzwischen: Buchner war schon immer ein Außenseiter in der Passauer Gesellschaft von damals gewesen, ein Unangepasster, der nicht so ganz dazu passte, sowohl als Mensch wie auch als Literat. Einen heimatlichen Sagensammler, der er ja auch war, hätte man wohl noch akzeptieren und wertschätzen können, auch einen Schriftsteller, der die Nibelungentradition der Stadt im Spiel hoch hielt. Aber mit einem feinsinnigen, ernsthaft, gefühlvoll, aber auch kritisch schreibenden Lyriker tat man sich eher schwer! Hätte er doch wenigstens in bairischer Mundart veröffentlicht! So was „zieht" immer! Aber nein! Hochsprache musste es sein, eine oft schwere, melancholische, mitunter sogar depressiv anmutende Sprache! Und auch die Stoffe, die Buchner in seinem lyrischen Schaffen bearbeitete, zielten auf Reflexion und Umkehr, Stimmungen und Gefühl, nie auf Heiterkeit, schon gar nicht auf vordergründige Unterhaltung. In der Mitte seines Lebens, aber insbesondere in seinem letzten Drittel, als so viele harte Prüfungen auf ihn warteten, als ihn die unheilvollen Veränderungen in Nazi-Staat und Nazi-Gesellschaft zu einer klaren Positionierung auf der Seite der Humanität und der Freiheit zwangen, ist er schon sehr weit über die Rolle eines kleinen Heimatsängers hinausgewachsen; und auch nach 1945 konnte man diese Weiterentwicklung erkennen. Er wurde zum „Dichter der Dreiflüssestadt", dessen kritische Botschaften man aber gerne überhörte; insofern ähnelten sich seine Erfahrungen, die er in den verschiedenen deutschen Regimes hatte machen müssen: Erst kurz vor seinem Tod erinnerte sich Nachkriegs-Passau und Nachkriegs-Bayern wieder seiner und ehrte ihn.

Nicht nur sein zutiefst eigenständiges Schreiben eckte immer schon an, auch sein persönliches Erscheinungsbild entsprach nicht so ganz den städtisch-bürgerlichen Erwartungshaltungen von einem Literaten und Dichter. Ein Familienfoto aus dem

Jahre 1913 zeigt ihn mit lange wallendem Rauschebart, ganz einfach, fast schon etwas verkommen und abgerissen gekleidet, näher bei den alternativen Hippies der 1960er und frühen Grünen der 1970er Jahre als beim erwarteten „Outfit" eines jungen Lehrers im Königreich Bayern vor dem 1. Weltkrieg. Die Fotos des alten Martin Buchner, zuletzt mit schlohweißem Haar und ebensolchem Bart – Paula Wachtfeichtl s. u. wusste eine Nikolaus-Anekdote dazu – zeigen dann einen altersweisen, ruhig abgeklärten Menschen, der trotz aller Schicksalsschläge nicht verbittert in die Kamera blickt, aber still, unheimlich still geworden ist. Betrachtet man sein letztes Passfoto aus dem Jahre 1952, fühlt man sich fast zur Aussage verleitet: so wird Wilfried Kretschmann, der derzeitige grüne Ministerpräsident von Baden-Württemberg vielleicht in dreißig Jahren ausschauen, vorausgesetzt er lässt sich einen solchen Buchner-Nikolaus-Bart wachsen! Auch von der politischen Gesinnung her, von der Einstellung zum Leben und der philosophisch-gelassenen Grundstimmung her, passte dieser Martin Buchner nicht in die Gesellschaft geschmeidiger oder auch robuster Machtmenschen in Politik, Gesellschaft, Kirche und Schule, egal welcher Zeiten auch immer. Er hatte nichts Kraftmeierisches an sich, weder in seinem persönlichen Auftreten noch in seinem literarischen Schaffen; er war vielmehr ein Repräsentant eines gebildeten und liebevoll herzlichen Menschentums, diskret-zurückhaltend, gläubig, doch nicht bigott, ein still und unaufdringlich mahnender Poet, auf den Einzelnen zugehend und den Anderen, den Mitmenschen, in seiner Individualität achtend.

Mir selbst ist der Name Martin Buchner zum ersten Mal begegnet, als ich Mitte der 1990er Jahre in der Passauer Altstadtschule eine studentische Praktikumsgruppe zu betreuen hatte und die Besprechungsstunde da einmal in der früheren Lehrerbibliothek stattfand. In dem ansonsten recht karg möblierten Raum lag auf dem Fensterbrett, allein und verlassen, ein altes, schon recht zerfleddertes Buch, das mein Interesse erregte. Es war ein frühes Exemplar von Martin Buchners „Lied vom Inn".

(Nebenbei: Der damalige Praktikumslehrer für das Fach Deutsch, Josef Glotz, später jahrelang mein ganz hervorragender und unermüdlicher Zweitprüfer bei den mündlichen Staatsexamensprüfungen an der Uni und Rektor der Grundschule Ruderting, war ein vorbildlicher Lehrer vom Schlage eines Martin Buchner: fachlich und pädagogisch-didaktisch höchst kompetent, heimatverbunden, vielseitig kreativ, musisch begabt und auch sozial fürsorglich und finanziell großzügig dazu! Seine frühmorgendliche Ansage „Wer hat heute noch kein Frühstück gekriegt zu Hause?" wurde oft und gerne angenommen von seiner Schülerschaft. Und Lehrer Glotz zückte die Geldbörse und bezahlte beim Hausmeister der Schule die morgendliche Brotzeit für seine hungrigen Schulkinder! Vergelt´s Gott, lieber Sepp, das musste einfach mal gesagt werden! H.G.)

Die Texte Buchners haben mich gleich stark angesprochen und angerührt; vielleicht war auch der „Genius loci" irgendwie mit im Spiel: das „Lied vom Inn", aufgespürt am „Ufer des Inn", von einem, der etwas mehr als 50 Flusskilometer stromaufwärts „am

Inn“ geboren und aufgewachsen war und jetzt sein Uni-Büro, „hart am Inn“, in der Passauer Innstraße bezogen hatte.

Der Name Martin Buchners war mir in den Folgejahren nie mehr ganz aus dem Bewusstsein entschwunden. Ich las seine Bücher, insbesondere auch seine Sagensammlung und suchte nach Informationen über ihn. Paula Wachtfeichtl, die umfassend gebildete und stets so freundliche Expertin nicht nur der Passauer Literaturgeschichte und ihres „Betriebs“, wusste wiederum – wie schon so oft in meinem Leben – so manches wichtige Detail zu Leben und Wirken eines eher unbekannten Dichters beizusteuern, etwa das, von dem in der Kirche zu Niedernburg still betenden Martin Buchner, den aufgeregte Schulkinder dann so lange für den „Heiligen Nikolaus“ hielten, bis „Fräulein Paula“ schließlich die Sachlage aufklärte. Sein weißes Greisenhaupt, der lange „Nikolaus-Bart“, seine in sich versunkene Gestalt, allein in der Kirchenbank, das wohl etwas diffuse Licht im Kirchenraum – all das hatte eine geheimnisvolle Aura verbreitet und die Kinderaugen zu einer ganz besonderen Wahrnehmung veranlasst, die aber eine tiefere Wahrheit in sich barg: Der alte Martin Buchner war da wohl wirklich, was er auch zeit seines Lebens stets gewesen war – ein Mensch aus einer anderen Welt, von einem anderen Stern, der sich in unserer lauten, geschäftsmäßigen Wirklichkeit schon immer etwas fremd, verloren und verlassen vorkam und lyrische Botschaften schrieb, die für die Zeitgenossen nur schwer zu entschlüsseln waren, wenn sie sie überhaupt bemerkten.

Ich wünsche der Veröffentlichung viele interessierte Leserinnen und Leser und bin mir sicher, dass die mahnenden Verse des Martin Buchner aus der 1. Hälfte des 20. Jahrhunderts auch in der 1. Hälfte des 21. Jahrhunderts nichts von ihrer Wirkung eingebüßt haben.

Martin Buchner an seinem 90. Geburtstag (12. Mai 1959) in seiner Passauer Wohnung in der Hochstraße.

Zum Illustrator Dr. Jörg Mangold

Arzt, Maler, Cartoonist, Autor

Geboren 1949 als Sohn eines Kunstmalers im mittelfränkischen Pappenheim, zählt heute zu den bekanntesten deutschen Jagdmalern und Jagdbuchautoren. Zahlreiche Ausstellungen sowie Veröffentlichungen seiner Werke in Kalendern und europäischen Jagdzeitschriften und viele Jagdbuchillustrationen verschafften ihm internationale Anerkennung.

Dr. med. Jörg Mangold ist seit früher Jugend passionierter Jäger, Fischer und Maler. Während seines zweijährigen Studiums der Veterinärmedizin erwarb er sich Kenntnisse in der Anatomie der Wirbeltiere, ein für einen Tiermaler unerlässliches Rüstzeug. Er wechselte in das Fach Humanmedizin und war als Allgemeinarzt auf dem Land tätig.

In seinem Vater, dem Maler Heinrich W. Mangold fand er einen begnadeten Lehrer in der Landschaftsmalerei, mit dem Maler und Illustrator Walther Niedl. München fand er seinen Meister in der Tier- und Jagdmalerei.

Veröffentlichungen:

1994 Bildband JAGDIMPRESSIONEN (BLV)

1996 Jagdtage- u. Gästebuch. (BLV)

1998 „WAIDMANNSHEIL HERR DOKTOR!“ (BLV),

2006 „IM WECHSEL DES LICHTS“ (Stocker Verlag, Graz),

2009 GUTER ANBLICK (BLV)

2011 ANSITZGEDANKEN (BLV)

2018 BOCK AUF BOCK? (BLV)

2021 Cartoons HA, HA, Halali (NWM Verlag)

Mangold ist als Illustrator, Cartoonist und Autor freier Mitarbeiter mehrerer Jagdzeitschriften (PIRSCH, HALALI, DER ANBLICK).

Er leitet seit 1992 Malseminare, war bis 2016 Dozent an der Sommerakademie Hohenaschau und gibt Malkurse in seinem Hofatelier Blumental in Haarbach Landkr. Passau.

Mangold war viele Jahre Vorsitzender des Ausschusses f. Jagdkultur und des Ethikrates des Bayerischen Jagdverbandes.

Auszeichnungen:

1996 Kulturpreis des Deutschen Jagdschutzverbandes

2003 Kulturpreis des Landkreises Passau.

2006 Franz von Kobell-Preis

2015 Ortega-Preis für Jagdkultur der Deutschen Gesellschaft Jose Ortega y Gasset

Mangold lebt mit seinen Hunden, Katzen und Pferden auf seinem Hof Blumental in Haarbach, Halmöd im niederbayerischen Klosterwinkel.

Zum Herausgeber Dr. Hans Göttler

1953	in Simbach am Inn geboren
1972	Abitur am Tassilogymnasium Simbach am Inn
1972-78	Studium in München (Germanistik, Politische Wissenschaften, Geschichte)
1978-83	Schuldienst an verschiedenen bayerischen Gymnasien (Pfarrkirchen, Simbach am Inn, Weilheim i. OB, Pocking)
1979	Promotion zum Dr. phil. mit einer Arbeit über die Stellung des Pfarrers im Erzählwerk des Schweizer Pfarrerdichters Albert Bitzius (1854), der unter dem Pseudonym „Jeremias Gotthelf" schrieb
1983-2020	Dozent für Didaktik der deutschen Sprache und Literatur an der Universität Passau; seit 1998 Akad. Direktor; im Ruhestand seit 01.04.2020
2005	Münchner Turmschreiber

Veröffentlichungen (u.a.):

- Editionen zur Literaturlandschaft Niederbaiern (Emerenz Meier, Katharina Koch, Wilhelm Diess, Robert Erbertseder, Ponzauner Wigg)

- Übersetzungen ins Niederbairische (Max und Moritz, Der Struwwelpeter, The Tale of Peter Rabbit)

- Eigenständige Buchtexte (Wirtsbuam-Turmschreibereien, Endstation Schwimmbad-Bibliothek, Meine erschdn tausad Weadda af Boarisch)

Anschrift: Osterholzen 3 –
D-94148 Kirchham
fon: 0049-(0)8531-22261
fax: 0049-(0)8531-980169
E-Mail:

hans.goettler@mail.de
www.goettler-simbach.de